novum pro

AF089797

Gerhard Vester

Erkenntnisse jenseits der Bibel

Die menschliche Existenz aus der Sicht Gottes

novum pro

Bibliografische Information
der Deutschen Nationalbibliothek:

Die Deutsche Nationalbibliothek
verzeichnet diese Publikation in der
Deutschen Nationalbibliografie.
Detaillierte bibliografische Daten
sind im Internet über
http://www.d-nb.de abrufbar.

Alle Rechte der Verbreitung, auch
durch Film, Funk und Fernsehen,
fotomechanische Wiedergabe,
Tonträger, elektronische Da-
tenträger und auszugsweisen
Nachdruck, sind vorbehalten.

© 2009 novum publishing gmbh

ISBN 978-3-85022-833-6
Lektorat: Christiane Buchholz

Gedruckt in der Europäischen Union
auf umweltfreundlichem, chlor- und
säurefrei gebleichtem Papier.

www.novumpro.com

AUSTRIA · GERMANY · SWITZERLAND · HUNGARY

Inhalt

Danksagung	7
Einleitung	8
Konkurs des Materialismus	10
Sinn Deines Lebens	11
Lebensaufgabe	13
Ursprung der menschlichen Existenz	15
Zeichen der Zeitenwende	18
Herausforderungen des neuen Zeitalters	21
Prophezeiungen der Propheten	24
Licht und Dunkelheit	27
Unterschiedliche Bewusstseinsgrade	29
Jesus der Christus und die christliche Kirche	31
Gottes wichtigstes Gebot	35
Am Anfang war das Wort	39
Verstand und Intuition	41
Gott erfahren	43
Eigenverantwortung	46
Überwindung des Egos	48
Bedingungslose Liebe	50
Wachstum und Entwicklung	51
Freier Wille	54
Kräfte richtig einsetzen	55
Geben und Nehmen	58
Energiesystem des Menschen	60
Umgang mit der Angst	63
Angst vor dem irdischen Tod	65
Sterbeprozess	66
Bedeutungen von Organspende und künstlicher Befruchtung	68
Komazustand und die Freiheit der Seele	69

Konsequenzen bei
Selbstmord und Sterbehilfe 70
Bewusstsein der Seele im Sterbeprozess 72
Bewusstsein einer erdgebundenen Seele 76
Bedeutungen von
Besetzung und Schizophrenie 78
Bedeutung der Wiedergeburt 80
Kinder der neuen Zeit 84
Lebensaufgabe abgelehnter Kinder 87
Lebensaufgabe elternloser Kinder 89
Seelische Absprachen
zwischen Mutter und Kind 90
Lebensaufgabe bei
Krankheit von Geburt an 91
Bedeutungen von Fügung und Gnade 92
Rückblick auf den Tag 94
Visualisieren und Meditation 96
Bedeutung von Träumen 98
Transformation der sexuellen Energie 101
Freiheit des Einzelnen 103
Treue und Untreue 105
Loslassen 106
Du sollst nicht töten 108
Abhängigkeit durch
unerfüllte Erwartungshaltungen 109
Wut und Aggression 112
Emotionen und ihre
Bedeutungen für die Seele 115
Ausblick 118

Danksagung

Ich bin Gott, meinem Schöpfer, aus ganzem Herzen dankbar für dieses irdische Leben. Aus seiner Quelle stammen die Weisheiten dieses Buches. Ich danke meinen geistigen Lehrern Mei Ling, Engel Emanuel, Bruno Gröning, der weißen Bruderschaft sowie all den Helfern, die mir mit so viel Geduld und Liebe das Verständnis des Geistes vermittelt haben.

Ich verbeuge mich mit Respekt vor all den wunderbaren Menschen, die mir im Verlauf meines Lebens als Erfüllungsgehilfen zur Seite standen und mir die so wichtigen und lehrreichen Lektionen des Lebens ermöglichten. Ich mache hier keinen Unterschied zwischen Glück und Schmerz. Ich danke jedem Einzelnen für sein Mitwirken am großen Ganzen.

An dieser Stelle danke ich all meinen Partnerinnen, Kindern, Stiefkindern und Enkeln für ihren Mut, sich auf ein Leben mit mir eingelassen zu haben.

Ich danke auch meiner lieben Freundin Christiane Zimmer, die es mir gestattet hat, einige Zitate aus ihren Durchsagen von Emanuel in meinem Buch zu übernehmen.

Ganz besonderer Dank gilt meiner lieben Frau, die mir in den schwersten Stunden dabei geholfen hat, mir selbst zu vertrauen und an meine Gaben zu glauben. Ihr verdanke ich, dass ich ein Versprechen gegenüber zwei Seelen einlösen konnte, die heute unser beider Leben mit so viel Licht und Freude bereichern.

Einleitung

„Erfahre, was in Deinem Geiste ist!" Das waren die Worte meines geliebten geistigen Führers Mei Ling. Ich hörte sie in meinem Kopf, war verwirrt und schrieb sie sofort auf. Dies waren die Anfänge einer tiefen spirituellen Freundschaft und der Suche nach dem Sinn meines Lebens. Seit diesem Ereignis sind 20 Jahre vergangen und es stellt sich mir die Frage: Warum habe ich bloß so lange gebraucht, um das geistige Verständnis für den Sinn meines Lebens zu erlangen und umzusetzen? Die Antwort ist simpel: Ich war noch nicht so weit. Durch zwei eigene Nahtoderlebnisse konnte ich erkennen, dass alles so sein musste, um einen bewussten Zugang zur kosmischen Bibliothek zu erlangen, und vor allem für all das, was mir heute von meinen Lehrern auf geistigem Wege offenbart wird. Mein ganzes Leben ist eine lange und mühsame Vorbereitung auf meine eigentliche Lebensaufgabe, begleitet von sehr viel Leid, Schmerz, Verlust und Schuldgefühlen. Heute bin ich froh über meine Erfahrungen, denn sie haben mir ein immenses spirituelles Wachstum ermöglicht und sie sind heute meine unentbehrlichen Lehrmeister. Ich bin mir bewusst, dass ich auf meinem Lebensweg vielen Menschen wehgetan habe. Andererseits ist mir aber auch bewusst, dass diese Seelen vor ihrer Inkarnation dazu ihr Einverständnis gegeben haben. Die größte Lernaufgabe und Herausforderung besteht für mich in der Erkenntnis, dass es weder Gut noch Böse gibt. Wir alle erfahren Fügungen, die sein müssen, um Entwicklungsprozesse zu ermöglichen. Aus geistiger Sicht sind alle Menschen Erfüllungs-

gehilfen füreinander, die sich gegenseitig helfen, Erfahrungen zu sammeln. Diese geistigen Zusammenhänge kann ich heute in jedem einzelnen Menschen sehen und ich kann ihm erklären, wozu das Leid auf seinem geistigen Entwicklungsweg erforderlich ist. Die Menschheit steht in dieser Zeitenwende vor einer sehr großen Herausforderung, die es für jeden Einzelnen zu meistern gilt. Darauf zielt dieses Buch ab. Es soll Ihnen die unschätzbaren Werte vermitteln, die mir Mei Ling, Engel Emanuel und die weiße Bruderschaft auf inspirativem Wege zukommen ließ, damit auch Sie davon profitieren können. Die Erkenntnisse in diesem Buch bilden heute die Basis für meine spirituell-therapeutische Praxis- und Lehrtätigkeit in der Bewusstseinsarbeit mit meinen Patienten. Sie beinhalten wichtige Aspekte über unser Dasein in der materiellen Verkörperung und geben Antworten auf das Warum. Ich möchte diese Erkenntnisse mit Ihnen teilen, damit auch Sie unter Berücksichtigung der geistigen und materiellen Gesetze Ihrem Leben eine lichtvollere Richtung geben können. Ich wünsche mir, dass für Sie der Glaube an Gott und Ihre eigene unauslöschliche geistige Existenz zur tiefen Überzeugung wird und Sie dadurch das Zukünftige und Unvermeidbare wertfrei zulassen und akzeptieren können.

Konkurs des Materialismus

Die mit der Technologie verbündete Wissenschaft verschaffte dem Menschen bis zum heutigen Tage Sättigung und Bequemlichkeit. Fasziniert von den fantastischen Perspektiven haben unsere Wissenschaftler und Techniker ihre Errungenschaften unmittelbar umgesetzt und dabei vergessen, die für die Menschen so elementar wichtigen geistigen und ethischen Werte zu berücksichtigen. Dieser technologische Feldzug hat in den Menschen nicht das geringste Streben nach innerer Verwirklichung hervorgerufen. Der außergewöhnliche Fortschritt der Medizin baut wohl viele Probleme ab, provoziert jedoch gleichzeitig zahlreiche weitere komplexe organische und psychische Entgleisungen, denen die Menschheit ohne Aussicht auf rasche Lösungen gegenübersteht. Der Konkurs des Materialismus ist offensichtlich. Dieser ist verantwortlich für den aktuellen Zustand auf dieser Erde. Obwohl er für kurze Zeit die Menschheit begeistern konnte, wird er letztendlich einem höheren Bewusstsein erliegen. In regelmäßigen Abständen wird die Erde von Katastrophen heimgesucht, die die Menschen nachdrücklich auffordern, in sich zu gehen. Diese Geschehnisse rufen den unvorsichtigen Menschen auf, sich zu besinnen und sich dem göttlichen Willen zu beugen mit dem Ziel, sich moralisch zu wandeln und geistig zu wachsen. Aus spiritueller Sicht kommt diesen zerstörerischen Ereignissen eine sanierende Bedeutung zu. Die Welt wird von schweren psychischen Lasten befreit, mit denen die Menschen die Atmosphäre vergiften. Es findet eine notwendige Erneuerung statt. Zweifellos haben die Verluste nach einer kollektiven Auslöschung so vieler Leben schwer verheilende Narben zur Folge, die sich in den Charakter, den Verstand und den Körper der Lebewesen einprägen. Es ist jedoch angebracht, über die Gerechtigkeit göttlicher Gesetze nachzudenken. Diese bezwecken nämlich eine methodische Reinigung und Befreiung. Rechtsbrecher können sich ihnen nicht entziehen. Insbesondere das Gesetz von Ursache und Wirkung lässt sich weder umgehen noch aufheben. So viele, die sich nach Liebe und Wahrheit sehnen, haben sich noch nicht entschieden, ihr Leben nach den spirituellen Offenbarungen auszurichten. Stattdessen verweilen sie weiterhin in Angst, Sorge und Not. Der Aufruf zur moralischen Wandlung, als Kraft des geistigen Lichts, das den Menschen die Zeichen der inneren Welt erklärt, ist erfolgt. Jeder muss sich jetzt entscheiden, welchem Weg er folgen will. Die Spreu vom Weizen wird getrennt. Und ich sah zwei Welten …! Die Stunde der Wahrheit naht. Es gilt, Egoismus, Stolz, Zorn und Eifersucht zu besiegen und dem Beispiel Jesu, der Brüderlichkeit und Liebe lehrte, zu folgen.

Sinn Deines Lebens

Du bist Geist vom Geist Gottes und aus der Einheit in die Polarität gesendet worden, um aus eigenem Erkennen und Wollen zur Urquelle zurückzufinden. Du sollst Deine Herrschaft leben und die Wahrheit, die die Wahrheit Gottes ist. Das ist der Grund Deiner Inkarnationen, Deiner Wiedergeburten. Der einzige Sinn Deines Lebens liegt in der Rückanbindung an die Urquelle, an das Licht, an die einzige Wahrheit, an Gott, egal welches Bewusstsein Du trägst. Diese Rückbindung findet ausschließlich durch Deine Selbstfindung statt. Du bist geprägt von den Erfahrungen Deiner vergangenen Leben, die Dein Heute geformt haben und bestimmen. Dein jetziges Leben repräsentiert sozusagen die Summe all Deiner vergangenen Leben. Sie drückst Du in Deinen Wahrheiten aus, die Du jetzt lebst. Du wirst in Situationen gestellt, die Dir die Möglichkeiten bieten, in die Wahrheit, in die Harmonie und damit in die Liebe zurückzufinden. Indem Du Informationen sammelst, Erfahrungen machst, vergleichst, probierst, Deine Grenzen überschreitest, erkennst Du immer mehr, was Wert hat.

Dein Kommen und Gehen hat seinen Ursprung im Göttlichen. Wenn Du im Kontakt mit dieser Kraft stehst, fühlst Du Dich als Teil eines großen Ganzen – Du fühlst Dich eins mit allen Menschen, mit allem, was belebt ist. Du musst Dich zunächst dafür öffnen, damit Du von dieser Kraft berührt werden kannst. Du musst erkennen, wer Dich trägt, wenn Du Dich selbst nicht mehr tragen kannst. Tief in Dir verborgen lebst Du das Grundbedürfnis, Dich für das Göttliche zu öffnen. Deine Seele schließt ihren irdischen Lebenszyklus erst dann für immer ab, wenn sie durch alle Erfahrungen hindurchgegangen ist, Sinn und Unsinn von Handlungen erkannt und erfahren und in die absolute Freiheit gefunden hat.

Lebensaufgabe

Es ist Deine unumgängliche Aufgabe und Herausforderung, die Auswirkungen Deiner in Unkenntnis getroffenen Entscheidungen zu erkennen und zu erlösen. Dies sind die Schatten der Vergangenheit, die in einem Selbstfindungsprozess gelichtet werden müssen. Dies führt Dich in den Dialog mit Dir selbst und damit zurück zu Gott. Lebe Erfolg, Entwicklung und Entfaltung und höre dabei nicht auf die Meinungen anderer, denn sie können nur aus ihrer Wahrheit sprechen. Gehe in die Selbstbetrachtung, ohne zu bewerten, was Du siehst. Bewerte weder Deine Stärken noch Schwächen. Verdränge nichts, was Dir an Dir nicht gefällt. Wenn Du eine Neigung zu verstecken versuchst, ziehst Du andere Menschen an, die genau dieses Thema widerspiegeln. Das verärgert Dich und macht Dich aggressiv. Solange Du noch aus Deinen Wertvorstellungen und nicht aus der reinen Liebe heraus handelst, ziehst Du noch schwierige Lebensumstände an, die Dich auf Deine Schatten aufmerksam machen sollen. Alles, was Du gelebt und erfahren hast, spiegelt sich in einem Augenblick wider. Du lebst Vergangenheit, Gegenwart und Zukunft in einem. Du lebst die Handlungen und damit die Rückwirkungen der Vergangenheit. Auf ihnen hast du aufgebaut. Sie sind Deine heutige Wahrheit. Durch sie lebst Du heute noch große Verstrickungen aus vergangenen Leben, indem Du Menschen wieder begegnest, mit denen Du in Resonanz gehst. Das Vergangene hat Dich zu dem gemacht, was Du heute bist, und das wiederum erzeugt das Zukünftige. Also ist all das, was du jetzt tust, Vergangenheit, Gegenwart und Zukunft zugleich. Die Kunst liegt darin, im Jetzt zu leben, mit dem, was jetzt ist. Deshalb akzeptiere wertungsfrei Deine Stärken und Schwächen, indem Du Ehrlichkeit, Aufrichtigkeit und Wahrhaftigkeit mit Dir selbst lebst. Du sagst „Ja" zu ihnen. Dies führt dazu, dass Du Dich nicht mehr von Dir selbst trennst. Du kannst Dich einfach stehen lassen und die Liebe zu Dir selbst nimmt zu. Durch zunehmende Beständigkeit findest Du in Deine Mitte, in Deine innere Ruhe und Ausgewogenheit. Wenn Du aufhörst, Dich selbst zu kritisieren und zu bewerten, wirst Du auch andere Menschen in ihrer Wahrheit abholen können, ohne auf deren Stärken oder Schwächen zu achten. Hierdurch wird es Dir möglich, alle Menschen in Liebe anzunehmen, so wie sie sind, wie sie sein wollen oder vielleicht auch durch innere Zwänge noch sein müssen. Erlaube es anderen Menschen, dass sie Dich belügen, betrügen und bestehlen, dann bist Du frei. Du gibst keine Macht mehr weg, weil Du keine Erwartungshaltung mehr an andere stellst. Du genügst Dir selbst und lässt andere in deren Bewusstsein stehen, ohne sie für ihr Tun zu bewerten. Darauf kommt es an, das bedeutet Selbstfindung. Also nicht nach außen schauen, sondern ausschließlich nach innen. Dann suchst Du die Fehler nicht mehr bei den anderen. Du fühlst Dich nicht mehr eingeschnürt von ihnen, weil Du Dich von ihren Meinungen nicht beeinflussen lässt. Du nimmst die Wahrheiten anderer nicht mehr an! Dann findest Du in Deine Mündigkeit und wirst selbstbewusst. Sei neugierig und hab den Mut, in unbekanntes Gebiet vorzudringen, es entdecken zu wollen. Und wenn Du alle Menschen gleich betrachten kannst, ohne zu unterscheiden und zu bewerten, dann hast Du aus der Zweipoligkeit, aus der Gespaltenheit zurückgefunden in die Einheit, in die Mitte, in die Harmonie, in die Wahrheit, in die Liebe. Den Weg in die reine Liebe findest Du am schnellsten durch die Qualitätskontrolle Deiner Gedanken, Worte und Handlungen. Indem Du immer wieder überprüfst, ob Du bewertest oder Worte des Friedens sprichst, kannst Du positiven Einfluss auf Deine Handlungen nehmen. Eine immerwährende Selbstbetrachtung und Selbstkontrolle ist unerlässlich, um Eigenwollen nicht mit Liebe zu verwechseln. Das wird zum Ergebnis haben, dass Du Handlungen zukünftig unterlässt, die Dir lediglich zur Befriedigung dienen. Es ist ein schwerer Weg, der hohe Anforderungen an Dich stellt. Es ist der einzige, wie Jesus sagte: „Niemand kommt zum Vater, denn durch mich." Darum zögere nicht, es ist vergeudete Zeit. Beginne heute, beginne jetzt!

Ursprung der menschlichen Existenz

Um die Geschichte der menschlichen Existenz begreifen zu können, müssen wir zurück zum Ursprung gehen. Es gab einen Zustand, in dem sich ein Teil des göttlichen Bewusstseins aus der Einheit löste. Einige konnten das ursprüngliche Wissen aus der Einheit mitnehmen und waren nie der Bürde des menschlichen Verstandes ausgesetzt. Da für sie keine Zeit existiert, materialisieren sich ihre

Gedanken unmittelbar. Sie nutzen die Kraft der Gedanken, um Entfernungen zu überwinden und um sich mitzuteilen. Sie leben eine Existenz auf höher entwickelten Planeten. Doch nicht jedes Bewusstsein nahm denselben Weg. Das Bewusstsein, das es nicht geschafft hatte, tauchte ab in die Gesetzmäßigkeit von Ursache und Wirkung und musste lernen, sich frei zu entwickeln, ohne sich der Kraft seines freien Willens, der schöpferischen Kraft des Geistes, bewusst zu sein. Sie konnten die Auswirkungen ihres Handelns nicht erkennen und entwickelten sich über eine unvorstellbar lange Zeit zum Menschen. Die Zeitrechnung gibt uns einen Rhythmus von jeweils 12 000 Jahren für ein Einatmen und ein Ausatmen Gottes vor. Diese Zyklen des Ein- und Ausatmens wiederholen sich fortwährend und bringen Hochkulturen hervor. In der Phase des Einatmens nähert sich die Sonne der Zentral-Sonne und damit Gott unserem Ursprung. Die erste Phase des letzten Einatmens begann 500 Jahre nach Christi und dauerte 1200 Jahre. Es war eine dunkle Zeit. Die Menschen waren unwissend und ungebildet. Kriege, Primitivität, Gewalttätigkeit und Katastrophen waren an der Tagesordnung. Die Menschen wussten noch nichts von einer feinstofflichen Welt und waren auf das angewiesen, was der Boden hergab. Die zweite Phase begann 1700 nach Christi und wird 2400 Jahre bis zum Jahr 4100 dauern. Am Anfang dieser Phase fand mit der Renaissance die Wiedergeburt der Wissenschaft, der Forschung, der Kultur und der Astronomie statt. Es folgten die Elektrizität und der Magnetismus. Mit der Bildung wurde dem Menschen wieder bewusst, dass es außerhalb der Materie noch etwas anderes geben muss. Diese zweite Phase ist gekennzeichnet von dem Wunsch nach Erkennen und Verstehen. In dieser Zeit befinden wir uns heute, in der zweiten Phase des Einatmens Gottes. Der Mensch beginnt nach der Wahrheit zu suchen. Die Materie reicht ihm nicht mehr. Der Mensch begibt sich auf die Suche nach der Wahrheit. Lehrer und Meister werden aufgesucht, um von ihnen zu erfahren, welche Wahrheit sich jenseits dieser grobstofflichen Materie befindet. Damit bewegen sich die Menschen aufeinander zu, denn sie suchen nach Inspiration. Dies führt zu Achtung und Beachtung und die Liebe zum Nächsten wird gefördert. Die dritte Phase des Einatmens Gottes dauert 3600 Jahre. In dieser dritten Phase erkennt der Mensch seinen Ursprung. Durch Meditation und Kontemplation richtet er sich ganz auf Gott aus und bringt seine Chakren in eine höhere Ordnung. Die vierte Phase dauert 4800 Jahre. Der Mensch blickt hinter die grobstoffliche Materie und erkennt die Wirklichkeit. Er begreift Gott selbst und findet in seine Gotteskindschaft zurück. Ein solch hohes Bewusstsein wurde zuletzt von den Bewohnern Atlantis' nach einem Zyklus von 12 000 Jahren erreicht. Als danach wieder das Ausatmen Gottes stattfand, ging das Bewusstsein von Atlantis unter. Bedingt durch die Rückentwicklung begann die Menschheit nun wieder, in das Unbewusste, in die Dunkelheit zu gehen. Diejenigen, die Gott geschaut hatten, die also in die Meisterschaft gefunden hatten, konnten die Erde für immer verlassen. Wenn sie zurückkehren in dieser dunklen Zeit des Ausatmens Gottes, dann freiwillig, um diese Dunkelheit mit ihrer Präsenz zu erhellen.

Zeichen der Zeitenwende

Es findet unter den Menschen auf dieser Erde ein zunehmender Werteverfall statt. Kultur tritt immer stärker in den Hintergrund, obwohl sie das Fundament und damit die Wurzel eines jeden Staates ist. Kultur ist nicht mehr von Bedeutung, nicht mehr interessant. Dieses Verhalten der Menschen schwächt das Energiefeld von Mutter Erde. Sie kann ihre Energie nicht mehr neutralisieren. Das Chaos in den Chakren der Erdbewohner überträgt sich auch auf das Energiesystem der Erde und provoziert hier ebenfalls ein Ungleichgewicht. Durch immer stärkere Naturkatastrophen wird der Mensch als Verursacher in Not und in Bescheidenheit geführt. Er wird gezwungen, über wahre Werte nachzudenken, damit ihm bewusst wird, was wirklich wert ist, gelebt zu werden. Wenn er dies nicht will oder kann, so wird er an dieser Zeit zerbrechen, er wird krank werden und sterben oder nervenkrank und verrückt werden.

Was bezweckt diese Zeit? Der Mensch wird auf sich selbst zurückgeworfen. Er kann sich auf niemanden mehr verlassen, denn auch seine Mitmenschen zeigen sich ihm in ihrer Angst, ihrer Not und in ihrer Unfähigkeit, etwas zu verändern. Und hier ist die Möglichkeit, sich auf die Wahrheit zu besinnen. Und die Wahrheit ist Gott, die allumfassende Liebe, die da steht und nur darauf wartet, den bewusst werdenden Menschen in die Arme zu nehmen. Das wird den Menschen nicht in den Schoß gelegt, das Bewusstsein müssen sie sich erarbeiten. Gott hält seine liebende Hand über die ganze Erde und lässt niemanden fallen. Darum wäre es klug, wenn jeder diese Zeit des Wachstums und Bewusstseinswandels für sich annimmt und somit akzeptiert, um nicht daran zu zerbrechen. Das setzt die Bereitschaft mitzumachen voraus, um zu erkennen, was es jetzt zu tun gilt, was es zu ändern gilt. Das Ego will etwas anderes als die Seele. Die Seele will in ihre Urheimat, will ihre Gotteskindschaft leben. Und das Ego sucht seine Befriedigung in der materiellen Welt. Um in ein neues Bewusstsein gehen zu können, benötigt das Ego Hilfe. Es muss Forderungen zurückstellen und die Bereitschaft leben, sich für wahre Werte zu entscheiden. Wem das gelingt, der wird merken, wie er diese Zeit unbeschadet überlebt. Er wird zum Beobachter und sieht in Gelassenheit zu, was um ihn herum geschieht. Er wird es nicht fassen können, dass die anderen seine Einsicht nicht teilen. Diese Zeit der Wachstumschancen hat begonnen, die neue Zeitenwende läuft! Es gibt Seelen, die noch ein sehr niedriges Bewusstsein leben, und es gibt bereits sehr reife Seelen, die die Zeichen der Zeit erkannt haben, sich nicht sorgen, sondern mitmachen und sich den Veränderungen stellen. Das sind die Pioniere dieser Zeit, die bereits mit einem hohen Bewusstsein und einer hohen Seelenreife geboren wurden. Es sind die Mitgestalter dieser Zeit, die entscheidende Akzente setzen werden. Die noch nicht in dieser Wahrnehmung stehen, sollen diese Pioniere aufsuchen und sich von ihnen in das Christus-Bewusstsein begleiten lassen. Jeder Mensch muss in dieses Bewusstsein gelangen, um von dieser Erde erlöst zu werden. Jesus sprach: „Niemand kommt zum Vater, denn durch mich!" Es bedeutet, dieses Bewusstsein wird niemandem geschenkt, aber es kann von jedem errungen werden. Um das Unsichtbare Gottes zu erfassen, muss der Mensch erst sein eigenes Unsichtbares erkennen, ansonsten bleibt ihm die unbewusste Beziehung zu Gott verborgen. Wer sich für den Geist öffnet, beginnt innerlich zu sehen und zu hören. Je stärker Du in Deinem Geist lebst, desto freier fühlst Du Dich. Gottes Geist zu erfahren, ist eine tiefe Erfahrung von Freiheit. Du denkst überhaupt nicht mehr über Probleme nach und sie verändert Deine Haltung Dir selbst und anderen gegenüber. Du wirst wahrlich zum Lebenskünstler, da Du über die Fähigkeit verfügst, aus jeder Situation das Beste zu machen. Es fällt Dir leicht zu unterscheiden, was für Dich gut ist. Du weißt es einfach. Du begegnest dem Leben offen und ohne Scheu. Diese Offenheit führt Dich zu dem, was sich zu leben lohnt. Jesus drückte dies damit aus: „Trachte zunächst nach dem Reich Gottes." Diese Erfahrung ist von jedem Menschen zu erringen, unabhängig von sozialem Stand, Intelligenz und Bildung. Sinn ist das, wodurch Du mit Dir eins wirst. Sinn gibt Dir Motivation und eine Beziehung zu werten. Wer den Sinn seines Lebens nicht erkennt, hat keinen Zugang zu sich selbst und der geistigen Welt. Ihm fehlt die Offenheit fürs konkrete Leben. Die Fähigkeit zu glauben wird zukünftig noch stärker zum entscheidenden Überlebensvorteil.

Herausforderungen des neuen Zeitalters

Das Wassermannzeitalter bringt große Veränderungen auf unsere Erde. Immer wenn die Menschen innerhalb eines Weltenjahres zu wenig für ihr göttliches Bewusstsein getan haben und stattdessen mit dem Kopf und nicht mit dem Herzen Gott gleich werden wollten, wurden Katastrophen ausgelöst, kamen Zusammenbruch und Selbstzerstörung. Diese Ereignisse stehen uns jetzt bevor. Der Mensch hat den Zenit seines Größenwahnsinns erreicht. Genmanipulation, Organtransplantationen sowie das Klonen der menschlichen Spezies sind nicht von Gott gewollt, sondern Auswüchse des satanischen Prinzips. Die Menschen haben trotz ständiger Warnungen nicht reagiert. Gott zu missachten bedeutet, das eigene Leben zu missachten. Da jeder Gedanke in die Manifestation drängt, nimmt der Mensch sich damit selbst jede Existenzgrundlage. Die Menschen werden sich in zwei Lager spalten und die Spreu wird sich vom Weizen trennen. Die Hoffnungslosigkeit wird um sich greifen wie eine Seuche. Diejenigen, die nicht verstehen wollen oder keine Einsicht leben können, werden immer hilfloser werden. Sie werden immer resignierter und früh sterben, indem sie einen Freitod wählen oder durch Krankheit diese Erde verlassen. Jeder bekommt seine Chance! Wer aufgrund dieser Ereignisse nicht in die Resignation geht, gibt sich und die Erde nicht auf. Als Kinder des Lichtes sind alle Mitgestalter dieser Erde. Lass Dich nicht von irgendwelchen Zukunftsprognosen beirren! Anstatt Deine kostbare Zeit mit diesen Gedanken zu vergeuden, bringe Gott Deine Liebe, Deine Freude und Dankbarkeit entgegen! Dann hast Du das Leben verstanden und gemeistert. Dann wird sich Dein Geist, der der Geist Gottes ist, wie eine Knospe öffnen. Ist die Knospe ganz geöffnet, dann lebst Du das Christusbewusstsein und dann hast Du diese Erde überwunden. Die Lichtung Deines Geistes ist wie eine Neugeburt. Die Menschen, die das Bewusstsein bereits leben, wissen, was Sinn, Zweck und Ziel ihres irdischen Lebens sind. Sie werden die Welt verändern, indem sie Erfindungen hervorbringen, die die Erde wieder erneuern und festigen, so dass eine neue Lebensqualität auf ihr gelebt werden kann. Die Herausforderung dieser Zeitenwende besteht für den Menschen nun darin, sich nicht der Angst hinzugeben, sondern sich liebevollen Gedanken und Handlungen zuzuwenden. Denn nur durch die Liebe kann man sich erneuern, regenerieren und verwandeln. Angst zerstört den Menschen und die Erde. Ist der Mensch einsichtig, wird er Handlungen unterlassen, die ihn in die Selbstzerstörung führen, und dann werden die Prophezeiungen der Seher für ihn nicht eintreten. Ist er nicht einsichtig, dann wird er der Zerstörung erliegen. Auch hier gilt die geistige Gesetzmäßigkeit: Da, wo Du Deine Aufmerksamkeit, Deine Energie hinlenkst, ist Wachstum. Die Natur und unsere Erde werden sich dadurch verändern. Eine weitere Herausforderung besteht darin, sich bewusst zu machen, dass die Seele unsterblich ist. Menschen mit diesem Verständnis werden diese Zeit der großen Veränderungen in Ruhe und Gelassenheit durchlaufen. Wenn Du für eine bessere Welt plädierst, so hebst du die Energie des

Friedens, demonstrierst Du gegen die Zerstörung dieser unserer Erde, so stärkst Du die Energie Zerstörung. Das Problem ist aber nicht die Zerstörung da draußen in der Welt, sondern die zunehmende Zerstörung in Dir. Du selbst durchlebst permanent eine Auseinandersetzung in Dir, ohne dass Du das Wort Krieg benutzt. Wenn Dich Dein Arbeitskollege geärgert hat, so bist Du innerlich im Kriegszustand und Du möchtest ihm am Liebsten eins auswischen. Ständig ärgert Dich irgendetwas oder irgendjemand, wie kann da Weltfrieden sein? Damit der Frieden in die Welt kommt, muss der Frieden erst in Dir und all den anderen Menschen sein. Das setzt ein friedvolleres Verhalten voraus, und dass sich die Menschen so annehmen, wie sie sind. Es ist wichtig, dass Du das Thema nicht ständig vor Dir herschiebst und sagst: nächste Woche. Oder: Erst muss dieses oder jenes Problem noch gelöst werden, dann fang ich an! Es wird nie vorbei sein. Es wird immer etwas Neues geben, was Dich daran hindert, Deine Hausaufgaben zu machen. Die Logik ist auch hier: Erst wenn Du Dich mit Dir selbst versöhnt hast, lebst Du keine Resonanz mehr auf die Themen, die Dich umgeben. Jesus drückte dies mit den Worten aus: „Trachte zuerst nach dem Reich Gottes." Das Reich Gottes ist in Dir. Wenn nur einer in der Familie den Frieden in sich lebt, so wird er dieser Familie mit seinem Frieden ein Vorbild sein und die anderen werden folgen. Nicht die Staatsmänner bringen der Welt den Frieden und auch nicht die Wirtschaftsbosse, da die Materie weder Frieden noch Befriedigung in die Welt bringen kann. Wahrer Frieden wird erst in Deinem Herzen sein, wenn Du Dich so akzeptierst, wie Du bist. Frieden zu leben bedeutet nicht, alles gutzuheißen, mit allem versöhnt zu sein, sondern die Entscheidung zu treffen: „Bleibe ich im Frieden oder gehe ich in die Auseinandersetzung?" Frieden zu leben bedeutet auch, „Nein" sagen zu können und nicht gleich in den Kampf zu ziehen. Du kannst doch wählen, ob Du die Auseinandersetzung vorziehst oder die Angelegenheit in aller Sachlichkeit klären willst. Dies bedeutet, dass Du rechtzeitig zu sprechen beginnst, bevor Du anfängst, Dich zu ärgern. Wenn Dein Nachbar abends nach 10.00 Uhr die Schlagbohrmaschine anwirft, so geh hin und sprich in aller Ruhe mit ihm. Es ist wichtig, gleich zu handeln und nicht zu zögern. Das sichert Dir Deinen inneren Frieden und den Deines Nachbarn.

Prophezeiungen der Propheten

Die großen Propheten haben gesehen, was kommt, wenn die Menschheit nicht zur Erkenntnis gelangt und rechtzeitig umdenkt. Wenn die Menschen nicht beginnen, mit sich selbst in den Frieden zu gehen, so wird dies zu einem nächsten Weltkrieg führen. Weissagungen und Zukunftsdeutungen sind real, da sie einen Trend widerspiegeln. Aber sie müssen nicht eintreffen, wenn der Mensch Einsicht lebt und handelt. Damit kann die Prophezeiung verhindert werden. Wenn Du jeden Tag 60 Zigaretten rauchst, dann bedarf es keiner Prophezeiung eines Lungenarztes, dass Du mit großer Wahrscheinlichkeit an Lungenkrebs erkrankst. Lebst Du jedoch die Einsicht und meidest in den nächsten Jahren jede weitere Zigarette und beginnst stattdessen mit Waldläufen, so wird wohl diese Prophezeiung nicht eintreten. Wenn jedoch keine Einsicht gelebt wird, so wird die Prophezeiung sich erfüllen! Selbstverständlich wirst Du auf dieser Erde Veränderungen in Form von Naturkatastrophen erleben, weil das Gleichgewicht nicht mehr sein kann. Die Seele der Erde weint, sie ist aus dem Gleichgewicht geführt worden, sie ist krank. Wenn Du ihr nicht aktiv helfen kannst durch Taten, so hilf ihr durch das Gebet und indem Du sie segnest. Wenn hier nicht eine baldige Einsicht gelebt wird, wird die Erde in große Mitleidenschaft gezogen werden. Um sich dieser Entwicklung bewusst zu werden, benötigst du keine Weissagungen von Menschen wie Nostradamus. Im Grunde kannst Du das mit Deinem gesunden Menschenverstand selbst erkennen. Es ergibt nun keinen Sinn, diese Weissagungen als Tatsachen hinzunehmen und sich damit abzufinden oder der Angst zu verfallen. Es ergibt Sinn, dagegenzusteuern, und sei es in Gedanken und Gebeten des Friedens, des Segnens und des Aufbauens. Aber was kann der Mensch nun aktiv tun? In einem zivilisierten und stark industrialisierten Land sind die Menschen mehr auf die Materie ausgerichtet als in einem primitiven Land. Da, wo nichts ist, sind keine Anreize, um Wünsche aufzubauen. Daher ist es die Aufgabe des zivilisierten Menschen, ein Gegengewicht zu schaffen. Gegengewicht bedeutet, eine Rückbindung zu leben an geistige Werte. Das bedeutet, wieder einfach zu werden und aus dem Anspruchsdenken herauszugehen, in die Einfachheit, in das Ursprüngliche, raus aus den Äußerlichkeiten, weg mit der gelebten Fassade. Wenn die Nachfrage zurückgeht, werden auch der Raubbau und die Verschmutzung zurückgehen. Rückbindung zu leben, und damit Rückkehr zu dem Wesentlichen, bedeutet, dem Leben und damit dem Nächsten und der Gemeinschaft wieder Achtung und Beachtung zu schenken, sich wieder zusammenzufinden, zu Nächstenhilfe und Nächstenliebe. Wenn sich daraufhin mehr Fahrgemeinschaften bilden, bleiben drei von vier Fahrzeugen in der Garage und verpesten die Umwelt nicht weiter. Die Nachfrage des Benzins geht zurück und die Ressourcen halten länger. Da, wo der Überfluss ist, werden Wünsche gelebt, und erst sobald ein Wunsch erfüllt ist, kannst Du erkennen, inwieweit er Dir eine Befriedigung bringt. Je öfter Du Dir Wünsche erfüllst, umso deutlicher wird Dir, dass dies gar keinen wirklichen Frieden bringt. Ganz im Gegenteil, es bedeutet Verpflichtungen zu übernehmen und Verwaltung zu leben. Wenn Du Dir ein schönes Haus mit einem Garten anschaffst, bedeutet das für Dich Arbeit und Verpflichtungen. Das Haus und den Garten zu pflegen, bedeutet nicht nur körperlichen, sondern auch finanziellen Einsatz. Aus der Angst, das Haus könnte abbrennen, es könnte eingebrochen werden, schließt Du Versicherungen ab, aber nicht bei Gott. Wenn Du stattdessen auf Gott vertraust, benötigst Du sie nicht. Mit jedem erfüllten Wunsch kannst Du erkennen, dass er Dir keinen wahren Frieden bringt. Mit der Zeit wirst Du überlegen, was Dich wirklich zum Frieden bringt, und dann beginnst Du, Deinem Besitz gegenüber Unberührtheit zu leben. Du musst nichts mehr festhalten. Du lebst in ihm, erfreust Dich auch an ihm, aber Du bist unabhängig von ihm, und das bedeutet wieder, ihn geistig zurückzugeben. Dann kannst Du ihn nutzen, ohne dass er Macht über Dich hat. Dann bist Du frei. Jeder Mensch hat Wünsche und das ist normal. Abnormal ist, dass Dich ein erfüllter Wunsch so sehr bindet, dass Du unfrei wirst. Es gibt Menschen, denen bedeutet das neue Auto mehr als der Partner. Ständig leben sie in der Angst, dass ihnen jemand das Auto demoliert, und die Freude geht darüber verloren. Diese materiell ausgerichtete Haltung macht krank. Das ist ein bereits weit verbreitetes Problem unserer Gesellschaft. Das Konsumverhalten der Menschen zeigt deren geistige Gesundheit. Jedem Geisteszustand folgt zwangsläufig dessen Materialisation.

Licht und Dunkelheit

Die Dunkelheit ist da, sie umgibt Dich. Um sie musst Du Dich nicht bemühen. Das Licht jedoch musst Du suchen. Du musst danach streben, um es für Dich erfahrbar zu machen. Das Licht ist die Quelle allen Lebens. Es liegt an jedem einzelnen selbst, ob er dem Licht oder der Dunkelheit zuarbeitet. Jeder trägt bewusst oder unbewusst mit seinem Wünschen und Wollen dazu bei, welche Schleusen geöffnet werden. Entweder wird dadurch mehr das Licht oder mehr die Dunkelheit die Erde überfluten. Dies hat Einfluss darauf, welche dieser Kräfte stärker wirken können. Je nachdem, ob das Licht oder die Dunkelheit auf Erden an Macht gewinnt, überschüttet es oder sie die Menschheit mit Gutem oder Bösem, Heil oder Unheil, Glück oder Unglück. Die Herausforderung des Menschen besteht darin, in seiner Wahrheitsfindung nun das Herz-Chakra als Tor zu seiner Erleuchtung zu erkennen, indem er die unteren Chakren mit den oberen Chakren in die Waage und damit in einen Ausgleich bringt. Aber was verbirgt sich dahinter?

Unsere Schatten sind der Gegenpol zur Liebe Gottes. Der Schatten ist überall dort, wo das Licht nicht hinscheinen kann. Kommt das Licht jedoch durch, so wird der Schatten aufgelöst. Für Dich bedeutet das, dass Du mit zunehmender Liebeskraft mehr und mehr gelichtet wirst. Alle Deine Schatten in dir lösen sich auf und gehen in eine höhere Schwingungsqualität über. Du erkennst höhere Zusammenhänge und bekommst den Durchblick. Deine Schatten sind geistige Fehlhaltungen, die Dich in Form von unerlösten Ängsten in der Dunkelheit gefangen halten. Dort, wo Dunkelheit ist, regieren Gedanken von Angst und Sorge. Da Du in der Welt der Resonanz lebst, wirst Du von dem Schattenreich angezogen und in Bedrückung und Enge festgehalten. In diesen Ängsten und Sorgen verdichtest du auch die Erde. Du materialisierst diese Emotionen und erfährst dadurch Leid und Schmerz. Liebe ist Licht und damit lebensbejahend! Wenn Du mit einem Menschen zärtlich, gütig, geduldig, nachsichtig und großmütig bist, dann ist er glücklich. In dem Moment vergisst er allen Kummer und alle Sorgen. Dein Licht hebt sein Energiefeld an, sodass er mit seinem Leid und seinem Schmerz nicht mehr in Resonanz geht. Er fühlt sich angenommen und geliebt. Er kann durch Deine Zuwendung damit beginnen, ganz er selber zu werden. Er hat durch Dich Bestätigung gefunden und es ist doch ganz natürlich und normal, dass er sein Glück und seine Freude weitergibt. Er kann leichter in den Frieden mit sich selbst gehen. Anerkennung und Lob fördern die Selbstannahme eines Menschen. Er beginnt, wieder an sich zu glauben, und mit der Zeit gewinnt er sein Urvertrauen zurück. Urvertrauen steht für das unerschütterliche Gefühl, hier auf dieser Welt willkommen zu sein, geliebt zu werden, leben zu dürfen und beschützt zu sein, komme, was da wolle. Wenn er sich dann stetig dem Licht zuwendet und sich der Welt des Geistes öffnet, lichtet er den Nebel, der ihm die Sicht auf das Paradies verwehrt. Er erfährt Leichtigkeit, Unbekümmertheit und Lebensfreude. Er liebt das Leben auch an düsteren Tagen und weiß tief in seinem Inneren: Es ist gut, zu sein. Damit wächst er immer mehr in das Bewusstsein des „Ich bin." Derjenige, der seine Gotteserfahrung gemacht hat, besitzt den größten Schatz dieser Welt und findet durch ihn Sinn und Schönheit in seinem Leben. Er findet in seine innere Mitte und erfährt die Fülle des irdischen Lebens.

Unterschiedliche Bewusstseinsgrade

Da sich zu jeder Zeit Menschen mit unterschiedlichem Bewusstsein hier auf Erden aufhalten, haben wir jetzt in dieser zweiten Phase des Einatmens Gottes Menschen, die von ihrem Bewusstsein her noch in die erste Phase gehören, aber auch Menschen, die sich bereits in der dritten und vierten Phase befinden. Durch die Annäherung der Sonne an die Zentral-Sonne kommt es zur Anhebung der Erd-Energie. Der Mensch, der noch sehr unbewusst ist, lebt noch eine sehr schwache Elektrizität. Der bewusst lebende Mensch lebt bereits eine sehr hohe Elektrizität. Je nach Reifegrad der Seele hält der Mensch diesen

Druck nicht mehr aus und erkrankt. Allergien, Hauterkrankungen, Entzündungen sind die Folge. Sie drücken aus, dass der Mensch sich vom Außen überfordert fühlt. Er ist in solch einem Maße belastet, dass er nicht mehr kompensieren kann. Hier besteht die Gefahr der Depression, denn es gibt nichts mehr dazwischen. Und das bedeutet: „Der Mensch wird in die Wahrheit gezwungen." Und wenn er diese Wahrheit nicht annehmen will, wird er krank an Körper und Geist. Die Menschen, die die Wahrheit annehmen können und Eigenverantwortung übernehmen und damit das Gesetz der Liebe einhalten, werden in ihren Körperzellen einen Lichtwechsel erfahren. Ihr Bewusstsein wird angehoben und das bedeutet, sie stehen über dem Geschehen und werden unbelastet und unbeschadet diese Zeit überstehen. Dein Leben dreht sich einzig und allein um Entwicklung, um Bewusstseinsentwicklung, und nicht um Deinen Erfolg, Deine Anerkennung und Deine Ersparnisse auf der Bank. Wenn das Bewusstsein, zu erkennen, nicht vorhanden ist, findet Entwicklung über Leid, Schmerz und Trauer statt. Das ist Gottes Liebe um Gerechtigkeit, dass kein Leben umsonst ist. Menschen, die diese Zeit jetzt nicht ertragen können und sterben, werden wiederkehren, wenn die Bedingungen für sie besser sind. Dann werden sie es leichter haben, sich diesem neuen Bewusstsein anzuschließen. Die den Weg gehen wollen und durchhalten, müssen sich dieser Zeit anpassen, indem sie das Gute, die Wahrheit und Vollkommenheit in sich fördern. Sie werden permanent in Emotionen und in Gefühlswallungen geführt. Sie werden geläutert und von ihren Schatten erlöst. Nur die, die diese große Sicherheit und das Wissen in sich tragen, dass Gott sie annimmt, wie sie sind, ohne Vorleistung, finden in dieser Zeit Trost und damit Freude. Ein Mensch, der die Veränderung so erfährt, kann die göttliche Wahrheit berühren, denn er ist geöffnet und nicht voll Gram und Bitternis. Er ist nicht beleidigt, sondern hat sich versöhnt mit dem, was ist. Er hat erkannt, dass es besser ist, Demut zu leben, als falschen Stolz. Demut bedeutet aus geistiger Sicht: „Sich dem Unveränderlichen beugen, um nicht daran zu zerbrechen" oder „All das zu akzeptieren, was man in Liebe nicht verändern kann."

Jesus der Christus und die christliche Kirche

Das Erlösungswerk Jesu Christi bestand darin, die Menschheit aus der geistigen Dunkelheit herauszuführen. Durch die Entwicklung des Verstandes schnitt sie sich selbstverschuldet vom Göttlichen ab und ist seitdem erdgebunden an Raum und Zeit. Jede Verbindung mit dem geistigen Licht war damit abgeschnitten, so dass des Menschen Wünschen und Sehnen nur noch auf das Irdische ausgerichtet waren. Jesus Christus kam, um die Menschen über die geistigen Gesetze aufzuklären und ihnen damit Licht in ihre Dunkelheit zu bringen. Er sprach von einem liebenden Gott. Er musste der Welt diesen Weg aufzeigen, weil die Menschheit allein nicht mehr aus dem selbst geschaffenen Dilemma herausgefunden hätte. Ohne nach den Worten Jesu, d. h. nach den

Gesetzen, zu leben, ist eine Erlösung von dieser Erde überhaupt nicht möglich. Erlösung bedeutet, frei zu werden von allen Sünden. Sünden sind die menschlichen Verfehlungen gegen die Liebe Gottes und damit ein Verstoß gegen seine geistigen Gesetze. Diese Verstöße bilden die Schatten, die den Menschen an die Materie binden, an das Rad der Wiedergeburt. Sie bringen so lange Leid und Schmerz hervor, bis sie durch Einsicht und Reue erlöst werden. Die Lehren von Jesus Christus stehen damit für Erneuerung und Verwandlung. Sie wurden niedergeschrieben und aus diesen Niederschriften formierte sich die christliche Kirche. Die Kirche stand für Glaubensgehorsam und Dogmatismus. Du hattest ihr zu folgen, ein eigener Wille wurde nicht akzeptiert. Jesus jedoch wollte keine Kirche gründen, sondern der Menschheit den Weg der Wahrheit aufzeigen. Die Kirche hat Gott jedoch zu einem drohenden und strafenden Gott gemacht. Sie hat sich die Allmacht Gottes angezogen und die alleinige Macht der Sündenvergebung propagiert. Das besagt nun aber nicht, dass Angehörige der christlichen Kirche damit automatisch die Vergebung ihrer Sünden erlangen können. Dies wurde zutiefst missverstanden. Ich kann meine Sünden nicht einfach an der Kirchenpforte abgeben, nach Hause gehen, mein altes Verhalten wieder aufnehmen und davon ausgehen, dass ich jetzt in den Himmel komme. Dazu gehört mehr. Die Botschaft gab uns Jesus mit seinen Worten: „Du bist geheilt! Gehe hin und sündige ab nun nicht mehr!" Die Kirche erfährt in dieser Zeit, dass die Menschen ihren eigenen Weg gehen wollen und in die Eigenverantwortung streben. Sie beginnen, die Wahrheit in sich selbst zu suchen. Sie werden sich dadurch zwangsläufig vom Dogma lösen. Das bedeutet, dass sie sich jetzt in dieser Zeit durch Eigenarbeit von dem Bild des strafenden Gottes verabschieden, um den liebenden Gott in sich zu erfahren. Vielleicht bist Du in der Vergangenheit von der Kirche enttäuscht oder gar verletzt worden. Die Menschen, die diese Verletzung verursacht haben, haben es nicht anders verstanden. Es sind kranke Menschen gewesen, die nicht klüger handeln konnten. Sie haben mit dem Glauben manipuliert und damit Deine Erziehung maßgeblich beeinflusst. Verdeutliche Dir, dass die Botschaft von diesen Menschen falsch interpretiert wurde und dass viele den Glauben gar nicht wirklich verinnerlichen konnten. Diese Menschen haben aus ihren Begrenzungen heraus gehandelt. All dies hat jedoch nichts mit der Lehre Jesu zu tun. Wenn Du immer wieder einmal Ausschnitte aus dem Neuen Testament liest, dann wird Dir bewusst, welche Liebe, welche Wahrheiten, welche Einsichten und welche Weisheiten darin enthalten sind. Damit trennst Du die frohe Botschaft von denen, die glaubten, sie im Auftrage Jesu zu verkünden. Versuche, es zu akzeptieren. Versuche, die Unwissenheit derer, die dadurch Dein Leid verursacht haben, zu entschuldigen, und gehe behutsam Deinen Weg. Wenn Du noch nie etwas von der Botschaft der Liebe und des Friedens gehört hast, musst Du deshalb nicht von Gott getrennt sein. Wie viele Menschen leben anderen Menschen eine große Achtung, Ethik, Güte und Liebe vor. Sie sagen: „Ich glaube nicht an Gott. Ich glaube, dass mein Leben ein einmaliges ist und so will ich leben." Trotz allem stehen sie in der Botschaft der Liebe. Sie leben sie unbewusst, sie benötigen sie nicht, denn sie haben sie bereits verinnerlicht. Die Seele weiß mehr, als der

Mensch erfassen kann. Sie hat sich diese Erfahrung ausgewählt. Wenn der Tod dann naht und die seelische Verbindung zunimmt, wird sich der Mensch seiner geistigen Existenz wieder bewusst und er kann ins Licht gehen. Viele Menschen sagen zwar, dass sie nicht an Gott glauben, aber es entspricht nicht immer ihrem tief verwurzelten Seelenbewusstsein. Es ist heilsam, wenn sich auf freiwilliger Basis und ohne Zwang Glaubensgemeinschaften zusammenfinden, denn der Mensch benötigt Begleitung und Führung und möchte eine Ausrichtung. Jeder Mensch lebt seine eigenen Erfahrungen und Erkenntnisse, gemäß seinem Bewusstsein. Das ist gut so, denn der Mensch muss unterscheiden lernen und darf nicht leichtfertig eine alleingültige, fremde Wahrheit annehmen. Letztendlich wird er erkennen, dass es nur eine wirkliche Wahrheit gibt, die ihn heilen kann, und diese Wahrheit ist die allumfassende Liebe. Sie steht für das Christus-Bewusstsein. Dieses Bewusstsein erlaubt es ihm, hinter das Grobstoffliche zu blicken und der Materie die Macht über sich zu entziehen. Jesus Christus brachte die Botschaft der Liebe und zeigte den Menschen durch seine Herzenseinfalt einen Weg auf, die dunkle und materiell ausgerichtete mit der lichten und göttlich ausgerichteten Seite in Harmonie zu bringen. Er erklärte unmissverständlich, dass es keinen anderen Weg gibt, um in die All-Liebe Gottes zurückzukehren. Seiner Botschaft zu folgen bedeutet, durch das Herz-Chakra in die Erleuchtung zu finden, die Wahrheit zu erkennen und im Licht der Wahrheit zu stehen. Das heißt also, wenn Verstand und Gefühl in den Einklang gefunden haben, steht der Mensch in der Mitte. Dann steht er im rechten Handeln und in der rechten Erkenntnis und er bleibt unbeschadet, egal was kommt. Jesus gab uns noch einen weiteren wichtigen Hinweis: „Der Mensch soll nicht richten!" Das heißt: „Wir sollen nicht urteilen!" Verurteilung bedeutet, aus der Liebe, aus dem Verständnis und aus dem Mitgefühl herauszutreten und damit aus der Harmonie zu fallen. Das, was der Mensch beurteilt, wird zu seinem Schicksal.

Gottes wichtigstes Gebot

Gott ist die Summe all dessen, was ist. Gott hat Dich geschaffen aus seinem Geist und Du trägst die Gotteskindschaft in Dir; ein langer beschwerlicher Weg, jedoch der einzige Weg. Alle anderen Wege sind Ablenkungen, Umwege, die die Rückkehr nur verzögern. Aber Du musst diesen Weg zurückfinden, zurück zu ihm. Eine andere Möglichkeit, wahren Frieden in Dir zu finden, gibt es nicht. Es ist Deine Aufgabe, wieder Anteil zu nehmen an seinem Geist, wieder Anbindung zu leben an sein Licht der Liebe. Du kannst Gott mit Deinem Verstand nicht erfassen. Du kannst auch nicht erklären, woher Gott kommt, Gott ist. Du kannst sagen: „Ich glaube an Gott, ich glaube an diese Leben spendende Kraft, die mir Frieden und Gelassenheit beschert." Du kannst Gott aber ausschließlich in der Liebe erfahren. Dies kannst Du nur dadurch erreichen, indem Du Dein Ego zurücknimmst, indem Du Deine Gedanken unter Kontrolle bekommst und indem Du Dir bewusst machst, dass Du der Herr Deiner Gedanken bist und nicht sie Herr über Dich. Wenn Du die Kraft findest, Deine Gedanken von Nichtigkeiten zu lösen, von Angst und von Sorge, dann wird die Liebe einkehren. Dann wird das Vertrauen in Dir wachsen, denn Vertrauen leben bedeutet, sich auf Gott zu verlassen, Gott in sich und um sich zu wissen. Erlaube ihm, von Dir Besitz zu nehmen, indem Du damit beginnst, all dem Beachtung zu leben, was von ihm durchgeistigt und beseelt wird. Lass Dich durch seine Anwesenheit beeindrucken, nimm auch das wahr, was Du nicht mit Deinen Augen siehst, und ergründe den Sinn und Zweck in allem. Gott ist die Liebe, nach der Du suchst. Sie kann nur dort einkehren, wo keine Angst mehr ist, wo die Angst keinen Einlass mehr findet. Dann beginnt das Erkennen und Erfahren. Dann begehst Du den Lichtweg, den Liebesweg. Dann lebst Du Gottes wichtigstes Gebot: Achtung und Beachtung! Dies ist der Weg, auf dem Gott Dir entgegenkommt, entgegeneilt, denn auch sein Sehnen nach Dir ist unendlich! Du sollst Dich freuen. Je mehr Du Dich freust, je mehr Du schön findest, umso lichter und umso weiter wirst Du. In diesem Bewusstseinszustand können Dich keine Gedanken von Trauer, Kummer und Sorge berühren. Andererseits muss es zwangsläufig etwas geben, was Du nicht schön findest. Lass es so stehen und beurteile es nicht. Wenn Du normalerweise sagen würdest, dass etwas grauenhaft aussieht, da sag Dir, dass Du es nicht verstehst und dass es Dich nicht anspricht. Wenn Du einen Menschen liebst, dann musst Du doch ständig an ihn denken und Deine Gedanken kreisen ständig um diese Person. Du wirst ihn sicher nicht ignorieren. Mache Gott zu Deinem besten Freund. Er nimmt Dich, so wie Du bist, er nörgelt nicht an Dir herum und hat eine Eselsgeduld mit Dir. Wenn Du Dich in ihn verliebst, von ihm besetzt wirst und der erste und der letzte Gedanke des Tages ihm gelten, dann verändert sich Deine Wahrnehmung. Sprich mit ihm. Steh mit ihm auf, gehe mit ihm zur Arbeit, zum Einkaufen, koch mit ihm und geh mit ihm wieder zu Bett. Besprich mit ihm Deine Sorgen, Deine Wünsche und Hoffnungen. Lass ihn teilhaben an Deinem Leben. Erzähl ihm Deine Träume und bitte ihn im Alltag um seine Hilfe und Unterstützung. Wenn du so mit ihm Deinen Alltag lebst, wirst du merken, wie es Dir leichter ums Herz wird. Viele Menschen leben in finanzieller Not. Wenn Du auch dazugehörst, dann sprich zu Gott: „Ich weiß, Du verstehst meine finanzielle Not. Bitte lass ein Wunder geschehen, dass meine finanzielle Not wieder beendet! Ich weiß doch, dass Du die Macht hast und dass Deine Helfer in der Lage sind, zu manifestieren." Durch dieses Gespräch mit Gott bleibst Du entspannt, denn Du lebst Dein Vertrauen in Deinen besten Freund. In diesem Zustand der Angstfreiheit liegt das ganze Geheimnis, denn nur dann ist es der feinstofflichen Welt möglich, Dir zuzuarbeiten. Dann erfährst Du, dass Du ganz ohne den Einsatz Deines Willens alles erreichen kannst. Dies ist ausschließlich durch Selbstannahme und Angstfreiheit möglich. Setze Deinen Willen ohne Unterlass dafür ein, Gott ganz zu erfahren. Sobald Du in ihm ruhst, wird all das, was dich jetzt noch belastet und täglich ärgert, in die Bedeutungslosigkeit geführt werden. Es regt Dich nichts mehr auf. Du findest Lösungswege, weil Du entspannt bist. Das hat nichts mit Deiner Intelligenz oder mit Deinem Wissen zu tun. Die Lösungen fallen Dir einfach zu. Es sind die Botschaften und damit Hilfen der feinstofflichen Welt. Damit beginnst Du, in die geistige Welt Vertrauen zu fassen. Sie weiß mehr als Du, sie hat einen besseren Durchblick und kann darum besser für Dich sorgen. Das ist doch auch Deine Erwartungshaltung, wenn Du Dich ihr öffnest. Durch Deine Erwartungshaltung gehst Du aus der Angst und Sorge heraus und dann kann Dir die Idee oder Lösung durch Intuition und Inspiration zufallen. Was kannst du also tun, um dich der geistigen Welt zu öffnen und um Eingaben zu erhalten? Du musst Dich entspannen, denn nur auf diese Weise kann Dein Geist sich mit der geistigen Welt verbinden. Über dein höheres Selbst kann dann die Eingabe kommen. Wenn Du nun die geistige Welt um einen Rat bittest, dann sendest Du eine Botschaft aus und gibst ihr damit eine Information. In dem Moment bist Du aber auch schon gelassener, weil die Hoffnung auf Hilfe da ist. Durch das offene Aussprechen „Ich brauche Hilfe" gehst Du in Aufnahmebereitschaft. Du öffnest Dich, fährst deine Antennen aus und schaltest auf Empfang. Dann bekommst Du kurz und bündig einen Gedanken oder ein Bild eingegeben. Das kann beim Einkaufen sein, indem Du in der Schlange vor der Kasse stehst und ein Gespräch hörst und plötzlich denkst: „Das ist ja die Lösung! Die haben es ja gerade eben ausgesprochen." Oder Du gehst über die Straße und siehst ein Schild oder ein Plakat. Mit einem Mal fliegt Dir die Lösung zu. Also, wenn Du Gott erfahren willst, dann gehe in die ständige Zwiesprache mit ihm. Vermeide jeglichen unproduktiven und unsinnigen Gedanken. Stelle Dir als Qualitätsprüfung vor, dass sich jeder Gedanke am nächsten Tag materialisiert. So kannst Du Deine Gedanken sehr effektiv kontrollieren. Bei all Deinen Lebensproblemen solltest Du nicht zu viel grübeln und über den Verstand nach Lösungen suchen. Erzähle Gott, was Dich bedrückt, sprich es aus und gib es an ihn ab. Dann gehe in die Ruhe und lass die Antworten kommen.

Am Anfang war das Wort

Gott hat mit seinem Willen die Grundlage für unsere physische Existenz geschaffen. Gottes Wille wird von den Engeln als Worte empfangen und von ihnen in die Grobstofflichkeit umgesetzt. Damit beruht das Grundprinzip des gesamten Universums auf Schwingung. Wenn Dein Handy klingelt, so ist dafür eine Schwingung verantwortlich. Dein Fernseher, Dein Radio und Dein Funkwecker funktionieren deshalb, weil sie Schwingungen empfangen. Amerikanische Wissenschaftler haben in Studien über Gehirnwellenaktivitäten festgestellt, dass unser Gehirn auf bestimmte Schwingungen (auch Frequenz genannt) in besonderer Weise reagiert. Richtet man eine Frequenz von 196 Hz auf das Gehirn eines Menschen, so löst diese in ihm ein Gefühl großer Beruhigung aus. Eine Frequenz von 6,3 Hz wirkt sich positiv auf das Lernvermögen und eine verbesserte Gedächtnisspeicherung aus. Nimmt man stattdessen eine Frequenz von 523 Hz, so löst diese Angst und Panikgefühle aus. Diese Studien belegen, dass der Mensch auf verschiedene Frequenzen mit unterschiedlichen emotionalen Mustern reagiert. In diesem Augenblick erreichen Dich unzählige Frequenzen. Dein Gehirn registriert all diese Schwingungen und reagiert darauf in ganz bestimmter Weise. Sie nehmen physikalisch Einfluss auf Deine Emotionen, Dein körperliches Befinden und Dein Verhalten. Silvester 2001 hat sich ein Berliner Privatrundfunksender erlaubt, während der Ausstrahlung seines Musikprogramms eine Glücksfrequenz mit zu senden. Die Auswirkungen auf die Menschen waren so stark spürbar, dass die Polizei eine Eskalation befürchtete. Auch elektromagnetische Felder, die überall dort entstehen, wo ein Elektrogerät am Stromnetz angeschlossen ist, nehmen Einfluss auf Dein Energiefeld. Wenn Du einen Radiowecker an Deinem Kopfende betreibst, so wirst Du permanent von diesem Magnetfeld bombardiert. Dies kann zu Schlafstörungen und erheblichen gesundheitlichen Problemen führen. Wenn Du denkst, so werden ebenfalls Schwingungen erzeugt, die von sensitiven Menschen als Informationsgehalte wahrgenommen werden können. Mit Deinen Gedanken übst Du permanent Einfluss auf Deinen Gemüts- und Gesundheitszustand aus. So, wie Du mit Deinen Gedanken Deinen Puls verändern kannst, so wirken positive Gedanken heilend. Es gibt Übungen im autogenen Training, mit denen Du ganz gezielt über das Sonnengeflecht Dein Nervensystem mit Gedanken von Ruhe und Gelassenheit positiv beeinflussen kannst.

Verstand und Intuition

Dein Hunger nach Erkenntnis ist wunderbar, das schärft Deinen Geist. Aber schärft es auch Dein Herz? Es gibt einen Unterschied zwischen Erkennen und Erfahren. Das Wissen, das Erkennen und das Verstehen ergeben nur einen Sinn, wenn Du etwas damit machst. Nicht das Erkennen sollte Priorität haben, sondern die Umsetzung des Erkannten in ein liebendes, gütiges, verzeihendes und geduldiges Herz. Das Ergebnis wird sein, dass Frieden und Gelassenheit in Dir sind. Auf dem Weg in die Erkenntnis hilft Dir deine Intuition. Die Intuition ist wie ein Radargerät. Sie fühlt und tastet ab. Wenn Du Dich dem Geist öffnest, nimmst Du über Deine Gefühle Eingebungen in Form von Signalen auf. Dieser Vorgang unterliegt nicht der Analyse Deines Verstandes, sondern hängt ab von der Tiefe Deines Empfindens, Deiner Sensibilität. Du nimmst zum Beispiel Energien eines anderen Menschen oder einer Situation auf, die über Dein Unterbewusstsein verarbeitet werden. Die Summe Deiner Erfahrungen greift auf vergleichbare Situationen zurück und gibt Dir Hinweise. Je stärker der analytische Verstand, desto schwächer die Intuition. Um die Intuition zu Deinem Vorteil zu nutzen, musst Du Deinen Verstand zurücknehmen. Sich der Intuition anzuvertrauen, bedarf einer Zeit des Lernens, denn anfängliche Fehlentscheidungen werfen Dich in Deinem guten Wollen schnell zurück. Du darfst nicht aufgeben, denn Dein Unterbewusstsein will Dir mitteilen, welche Wahrheit Du leben und welcher Wahrheit Du vertrauen kannst. Du kannst mit dem Kopf oder mit dem Herzen vertrauen. Mit dem Kopf zu vertrauen bedeutet, alles ist sicher. Ich habe alles unter Kontrolle. Dies setzt eine gesicherte Situation voraus. Und dann gibt es noch das Vertrauen des Herzens. Oft glaubst Du vielleicht, dass Du das Vertrauen des Herzens lebst. Aber das stimmt nicht, das bildest Du Dir dann nur ein, weil es Dir gut geht. Die Zeitenwende bringt es mit sich, dass das Vertrauen Deines Herzens geprüft wird. Ob Du wahrhaft das Vertrauen des Herzens lebst und damit Vertrauen in Gott, Vertrauen in das Ungewisse, das Ungreifbare, das nicht Fassbare, wird sich erst dann zeigen, wenn Du die Zügel nicht mehr in der Hand hältst und die Kontrolle über Dein Leben verlierst. Erst dann wird sich zeigen, ob Du wahrhaft das Vertrauen des Herzens lebst! Hier helfen nur die Gelassenheit und das Wissen, dass es Gott gibt, und die Gewissheit, dass er Dich liebt. Darum kann er Dich gar nicht fallen lassen, denn Liebe lässt nicht fallen, Liebe erhält am Leben. Das ist eine Prüfung für Dich, wie groß Dein Vertrauen in Gott ist. Denn wo Vertrauen ist, kann die Angst nicht sein. Das Vertrauen ist die Basis des Glaubens an Gott. Alle großen Mystiker haben eine große Läuterungsphase durchgemacht, weil sie einen Reinigungsprozess erfahren haben. Sie wurden gereinigt von den Schatten der Vergangenheit, von ihren Begierden, Sehnsüchten, Wünschen, Erwartungen und von all dem, was noch grobstofflich in ihnen war. Ihr Ringen um Gott war letztendlich auch schon wieder ein Wollen, das sie blockierte. Darum erfuhren sie auch diese große Verzweiflung und diese Schmerzen. Viele Mystiker sind sehr krank gewesen und haben über ihre Krankheit Läuterung erfahren. Sobald Du Deinen Läuterungsprozess abzukürzen versuchst, werden Deine

Not und Dein Schmerz größer. Lehne Dich stattdessen ein wenig zurück! Lass es Dir gut gehen! Leb die Entspannung, damit Du erfahren kannst, wie sehr sich Deine Hände füllen, wenn Du die Kraft lebst, zuzulassen. Lass die Dinge kommen und gehen. Genüge Dir selbst, dann musst Du Dich nicht mehr suchen, dann hast Du Dich gefunden. Dann lebst Du Deinen Frieden. Frieden ist gleichzusetzen mit Selbstannahme und Selbstgenügsamkeit.

Gott erfahren

Du findest nur über das Herz zu Gott und damit in die Liebe und in den Frieden. So ist es durchaus möglich, dass ein einfacher und noch unwissender Mensch der göttlichen Schöpfung eine viel größere Achtung und Liebe entgegenbringt, weil er mit der Natur noch viel verbundener ist und sich seiner Abhängigkeit von der Natur und ihren Gewalten bewusst ist. In seiner Einfältigkeit will er sich gar nicht verwirklichen, weil er gar nicht weiß, was das ist. An diesem Beispiel kannst Du erkennen, dass es nicht unbedingt notwendig ist, auf die Suche zu gehen, um Gott zu erfahren. Es reicht durchaus, in die Stille zu gehen, um Gott die Gelegenheit zu geben, Dich zu berühren. Und wenn diese Berührung einmal stattgefunden hat, dann ist es für Dich nicht mehr relevant zu sagen: „Ich bin froh, ich bin traurig, ich habe Glück und ich habe Pech." Das sind Beurteilungen, die Dich unnötigerweise an einen Bewusstseinszustand gebunden haben. Dann wirst Du sagen: „Ich bin in meinem Frieden." Damit wirst Du immer stärker aus Deinem Ego und Deinen karmischen Themen heraustreten und Dein wahres Sein leben. Das ist das Ziel aller Menschen und dies wird nicht durch die Suche, sondern durch das Stillwerden erreicht. Gott ist so weit von Dir entfernt, wie Du von Dir selbst. Beginne damit, alles zu lieben, was Du noch ablehnst und verurteilst. Lebe Achtung und Beachtung. Verwandle Ungeliebtes in Liebe und Du wirst frei von allen Verstrickungen der Vergangenheit. Wenn Deine Handlungen nur noch aus Liebe hervorgehen, dann musst Du kein Leid mehr erfahren. Dann baust Du kein neues Karma mehr auf und das alte wird erlöst. Und wenn sich dann die Schatten um Dich herum auflösen und die Sonne durchbricht, wirst Du gelichtet und Dein Blick wird klar. Dann hast Du erkannt, dass alles Beseelte ein Ausdruck Gottes ist. Wenn Du diese Achtung lebst, dann wird Dir bewusst, dass auch Dein Wesenskern Gott ist, dass Dein Geist „Gottes Geist" ist. Auf wunderbare Weise fühlst Du Dich Dir selbst näher. Du fühlst Dich Gott und allen Menschen näher und kommst letztendlich zu dem Schluss, dass Du mit allen Menschen auf eine besondere Weise verbunden bist. Die Wissenschaft hat in dieser Hinsicht das Bewusstsein der Menschen durch das Doppelspaltexperiment weiter geöffnet. Wenn Du das erkannt hast und Dein Leben danach ausrichtest, dann bist Du vom Karma befreit. Dieser Bewusstseinswandel hat nichts mit Ich-Sucht zu tun. Das würde ja bedeuten, dass Du Eitelkeit lebst und von dem anderen forderst. Wahre Liebe jedoch teilt und ist selbstlos, sie fordert nicht. Jeder Mensch trägt in sich ein Sehnen nach Gott. Der unbewusste Mensch weiß nicht, wem dieses Sehnen gilt, er glaubt nur an die grobstoffliche Welt, und um Befriedigung zu finden, projiziert er dieses Sehnen auf Menschen, Tiere und auf materielle Dinge. Und selbst wenn er scheinbare Befriedigung findet, wie lange hält sie an? Und dann ist das Sehnen schon wieder da und die Suche geht weiter. Und was geschieht dann? Mit der Zeit wird er unzufrieden, weil sich kein anhaltendes Glücksgefühl einstellen will. Dann fängt er an zu nörgeln und versucht, andere Menschen zu ändern, um sein frustriertes Dasein ein bisschen aufzuwerten. Wenn ihm das nicht gelingt, dann geht er in die Aggression. Dann wird er verbittert und verteilt Schuldzuweisungen. Aber das Sehnen nach der Vollkommenheit lässt ihn nicht los. Er bleibt in der Unruhe seines Herzens. Hier hilft nur die Akzeptanz, indem er es auf sich beruhen lässt. Der bewusst lebende Mensch hat erkannt, dass sein Sehnen nur gestillt werden kann, wenn er Gott erfahren hat. Er hat erkannt, dass wahrer Frieden nur in Gott sein kann. Was Dich von Gott trennt, ist die Resignation, die Hoffnungslosigkeit, die Verbitterung, die Ungeduld, die Uneinsichtigkeit, die Unnachsichtigkeit, das Nicht-Vergeben- und Nicht-Verzeihen-Können und die Unzufriedenheit mit dem, was ist. Der Mensch, der erkannt hat, spiegelt sich im Licht der Wahrheit und damit in Gott. Damit wird er zum Segen für alle Menschen und für Mutter Erde. Sein Licht trägt dazu bei, dass das Energiefeld der Erde wieder in die Balance geführt wird.

Eigenverantwortung

Verantwortung beginnt bei Dir selbst, indem Du lernst, für Dich selbst zu sorgen. Begib Dich nicht in die Abhängigkeit anderer und suche auch nicht den bequemen Weg, indem Du Dich von anderen tragen lässt. Wenn Du selbst noch keine Eigenverantwortlichkeit lebst, dann bist Du auch noch nicht in der Lage, für andere Verantwortung zu übernehmen. Eigenverantwortung steht an erster Stelle. Drückst Du Dich um ein Thema herum, so lebst Du Bequemlichkeit, die Dich nicht weiterbringt. Die Hürde, der Du heute ausweichst, wartet an anderer Stelle, um von Dir genommen zu werden. Du hast in letzter Konsequenz immer die Freiheit „Ja" oder „Nein" zu sagen. Es geht nicht darum, ob Du handeln sollst oder nicht. Entscheidungen sind Herausforderungen, sie müssen im Leben getroffen werden, denn sie führen Dich zu neuen Erfahrungen und Erkenntnissen. Hast du eine Entscheidung getroffen, die Dich im Nachhinein nicht befriedigt, so kannst du Dich über sie ärgern oder du kannst es lassen – das ist deine Freiheit. Ärgerst du dich nicht, so hat dies den Vorteil, dass du mit Dir gütig bleibst. Es ist Dir zwar nicht so recht gelungen, aber Du probierst es noch einmal auf eine andere Weise. So bleibst du im Fluss. Wenn Du Dich darüber ärgerst, wie Du gehandelt hast, dann gehst du in die Depression, und das bedeutet Stillstand. Es bedeutet aber auch, dass Du Deine selbst gewählten karmischen Themen nicht bearbeiten willst. „Bist Du in der Lage, Dein Schicksal anzunehmen, oder stellst Du Dich ihm entgegen." Kommst Du mit einer angeborenen Erkrankung in die Welt, die nicht heilbar ist, so hast Du diese gewählt. Du hast sie selbst vorherbestimmt, weil Du in diesem Bereich Deine Entscheidung treffen wolltest. Alle Menschen haben Probleme und tragen Schatten der Vergangenheit in sich, die das Heute beeinflussen und leidvolle Lebensumstände kreieren. Wenn du ein Problem hast und nicht weißt, woher es rührt, kannst du zu einem Therapeuten gehen. Und dann geht Ihr in die Ursachenforschung. Und ihr forscht Woche für Woche und wahrscheinlich Monat für Monat, und wenn du Pech hast, Jahr für Jahr. Du rührst ständig in der Vergangenheit und dabei willst du doch vorwärtsgehen, du willst leben. Erkenne, dass Du und Deine Familie miteinander verbunden seid, auch wenn sie Dich nicht interessiert. Durch eine Familienaufstellung ist es möglich, Vergangenes und Unbewusstes lebendig werden zu lassen. Durch die Aufstellung wird ein Thema über das Gefühl bewusst gemacht, ausgelebt und gelöst. Der Verstand hat da gar nichts zu suchen. Der Druck, der Dich in Unfreiheit hält, wird gelöst, damit Du Deine Lebensqualität ausschöpfen kannst. So wie der Baumstamm die Äste trägt, so tragen Deine Eltern und Großeltern auch Dich. Aus diesem Grund trägt Deine Seele aus Solidarität Themen, die Deine Vorfahren in Not oder in Leid geführt haben. Dies läuft auf einer für Dich unbewussten Ebene ab. Deshalb ist die Familienaufstellung ein wunderbarer Weg, diese Themen sichtbar zu machen. Und wenn Du soweit bist, dann kannst Du für Dich Verantwortung übernehmen. Dann kannst Du auch Verantwortung für andere übernehmen, denn dann lebst Du ein neues Verständnis und Begreifen, inwieweit es gut ist, in die Verantwortlichkeit eines Mitmenschen einzugreifen. Dann bist Du in der Lage, am Beispiel von Sankt Martin zu erkennen, wer tatsächlich hilflos ist und eine Stütze benötigt. Dann erkennst Du, wie viel Hilfe Du leisten kannst, damit der andere wieder Eigenverantwortung leben kann.

Überwindung des Egos

Wenn Du ein egoistischer Mensch bist, dann lebst Du Deine Befriedigungen und denkst nicht im Geringsten daran, zu teilen. Du willst, und die anderen sollen sich Deinem Willen fügen. Stehst Du bereits im Selbstbewusstsein, dann lebst Du Verantwortung für Dich und andere. Du lebst Deine Vorstellungen, aber lässt die anderen in ihrem Willen stehen. Als Egoist legst Du schützend Deine Arme um das, was Du Dein Eigen nennst. Als bewusster Mensch hingegen öffnest Du Deine Arme und lässt andere teilhaben. Als Egoist hast Du immer Recht! Warum? Weil Du Dir Deine Schatten nicht ansiehst. Du hast sie fein säuberlich verpackt, damit Dir ja nichts von Deiner Größe genommen werden kann. Damit musst Du nicht nachdenken und Dich nicht verändern. Dein Ego zu überwinden, bedeutet, dass Du Deine Schatten betrachtest. Wenn Du diese Kraft und diesen Mut lebst, dann wirst Du wahrhaft ein Meister werden. Dann wirst Du in einer Leichtigkeit und in einer Souveränität stehen, die Du Dir jetzt noch gar nicht vorstellen kannst. Ein Überwinden des Egos ist nur möglich, indem Du den Mut lebst, Deine Schatten zu betrachten. Sei den Menschen, die Dich auf sie hinweisen, dankbar, dass sie Dir dieses

Geschenk machen. Die Selbstanalyse, ausschließlich die Selbstanalyse, wird Dir das Ego nehmen. Es ist wahrlich der schwerste Weg. Aber er führt Dich in die Wahrhaftigkeit und damit in die Zufriedenheit. Er führt Dich in Deine Mitte und damit in die allumfassende Liebe. Erlösung kann erst sein, wenn Du reine Liebe in Dir hast. Wenn Du diesen schweren Weg gehst, dann beschreitest Du den Lichtweg. Du wirst beobachten können, dass Du einige Dinge nicht mehr tust, die Du früher getan hast, wo Du noch großzügiger mit Dir umgegangen bist und gedacht hast: Nun ja, es kommt nicht so genau darauf an. Nein, Du wirst viel kritischer mit Dir, weil Du immer achtsamer wirst. Das ist Schwerstarbeit, die mit einem Trauerprozess verbunden ist. Dieser Trauerprozess begleitet Dich so lange, bis das Alte abgelöst ist und Du ganz im Neuen angekommen bist. Es ist, als ob Du mit einem Schiff Deine alte Heimat verlassen hättest und der Hafen Deines Zielortes noch nicht in Sicht wäre. Es bedeutet, Du bist nicht mehr der Alte, und der Neue bist Du auch noch nicht. Dieser Prozess wird von vielen Veränderungen, Turbulenzen und Schmerzen begleitet und darum ist in Dir diese Trauer oder diese Unruhe und sehr häufig auch Tränen. Aber das sind Tränen der Reinigung und sie sind gut für Dich. Damit verabschiedet sich all das, was Dich auf Deinem Lichtweg behindert. Denke daran, nach jedem Winter kommt wieder ein Frühling. Je älter Du wirst, umso mehr wirst Du den Frühling lieben, denn tief in Dir weißt Du, dass Deine Zeit hier auf Erden begrenzt ist.

Bedingungslose Liebe

Bedingungslose Liebe drückt sich aus in Neutralität, Wohlwollen, Urteilsfreiheit und Segenswünschen gegenüber den Menschen, die Deinen Weg kreuzen. Attribute wahrer Liebe sind Ruhe, Sanftmut und Gelassenheit. Liebe hält nicht an Vergangenem fest, sondern wischt aus und schaut nach vorne in den neuen Tag. Wenn Du liebst, wirst Du rein und unschuldig wie ein Kind. „Wenn ihr nicht werdet wie die Kinder, dann werdet ihr das Reich Gottes nicht schauen!" Liebe schließt nicht aus, sie trennt nicht. Liebe ist neutral allen Menschen gegenüber und unterscheidet nicht durch Emotionen, Bewertungen, Vergleichen und Messen. Du kannst aus Deinem Herzensverstehen eigene Meinungen und Vorstellungen darüber haben, was für Dich recht und gerecht ist, aber vermeide jegliche Verurteilung. Wahre Liebe bindet Dich nicht, wahre Liebe akzeptiert den anderen, so wie er ist. Du suchst seine Nähe, weil er dich bereichert, weil er dich inspiriert, aber dann gehst Du auch wieder zu dir selbst. Wenn du wahrhaft liebst, dann bist du nicht süchtig nach dem anderen. Du wirst nie versuchen, ihn festzuhalten, ihn zurückzuhalten oder zu besitzen. Wahre Liebe besitzt nicht oder will nicht besitzen. Wahre Liebe ist ein Bewusstseinszustand. Wenn dieses Besitzrecht aufhört, werden die Partnerschaften glücklicher sein. Weniger Besitzrecht zu leben, bedeutet nicht, untreu zu werden, sondern es bedeutet, den Partner zu akzeptieren, wie er ist. Das ist Schwerstarbeit. Auf der Suche nach Liebe und nach Anerkennung übernimmst Du vielleicht eine Opferrolle in Deiner Familie, weil Du dadurch das Leid des anderen glaubst mildern oder ihm abnehmen zu können. Aber dann verleugnest Du Dich selbst, damit der andere leben kann, und das ist nicht wahre Liebe und erst recht nicht gesund. Das ist ein Abhängigkeitsverhältnis, an dem Du letzten Endes scheitern musst.

Wachstum und Entwicklung

Du bist der Bestimmer Deines Lebens. Lebst Du noch in der Knechtschaft Deiner Gedanken, dann erlaubst Du ihnen mutwilliges und freies Handeln. Deine Gedanken suchen sich immer neue Ziele und neue Anreize. Und weil Du ihnen nicht Einhalt gebietest, beschäftigen sie sich am liebsten mit anderen Personen, was Deine Lebensqualität mindert. Sei mutig und sage: „Ruhe jetzt, ich bin der Herr im Haus und meine Wünsche werden befolgt!" Wenn Du das tust, findest Du in starke und kraftvolle Gedanken, die Dir Erneuerung und Konstruktivität bescheren. Es ist wie mit einem Kind. Wenn Du ihm nicht Einhalt gebietest, macht es mit Dir, was es will. So verhält es sich auch mit Deinen Gedanken. Du kannst ausschließlich mit einem harten Wort und einer Zurechtweisung etwas erreichen. Da helfen kein gutes Zureden und kein Bitten, denn da wirst Du ausgelacht. „Was Du sähest, das wirst Du auch ernten!" Werde Dir klar darüber, was Du willst. Frag Dich: „Was ist mein Lebensziel? Welche Früchte möchte ich ernten?" Denn nur, wenn Du weißt, welche Früchte am Ende des Tages in Deinem Korb liegen sollen, kannst

Du Deine Gedanken lenken, kannst Du ihnen sagen, wo es lang geht. Sobald Du Dir ein klares Lebensbild gemacht hast, wirst Du sehen, wie einfach es ist, Deine Gedanken zu strukturieren und auf das angestrebte Ziel auszurichten. Informiere Dich, um Dir eine Vorstellung von dem machen zu können, was Du möchtest. Wäge ab, ob es Deinen Ansprüchen genügt, und setze es in Relation zum Preis, den Du dafür zahlen willst. Je unklarer die Gedanken, umso größer ist Deine Zerrissenheit und damit Deine Desorientiertheit. Je klarer Deine Vorstellungen sind, desto schneller führen sie Dich zum Ziel. Wenn Du alleine lebst, so ist es etwas anderes, als wenn Du Familie hast. Wenn Du Probleme mit Deinem Partnern hast, mit der Familie, mit dem Vorgesetzten, mit Deinen Kollegen oder Freunden, dann hilft Dir hier die Aufarbeitung. Das bedeutet, Du beginnst wieder mit der Selbstfindung. Dann wirst Du selbst Deine Begrenzungen erkennen und dann werden diese Konfliktsituationen mit Deinem Gegenüber nicht mehr sein. Sie können nicht mehr sein, weil Du keine Resonanz mehr lebst. Solange Dich noch Worte oder Handlungen verletzen, bedeutet dies, dass Du vor Deinen eigenen unbearbeiteten karmischen Themen stehst, die Du noch in Dir trägst. Solange Du in Dir noch nicht ausgerichtet, harmonisiert und in Deiner Mitte bist, erfährst Du Kränkung und Verletzung. Doch ausschließlich die Kränkungen und Verletzungen geben Dir die Möglichkeit, in das Nachdenken zu gehen. Eine Verteidigungsstellung einzunehmen, das ergibt keinen Sinn. Ist Dein Gegenüber wortgewandt und Dir geistig überlegen, so wird er immer Sieger sein. Und das ist nicht gerecht. Also, nicht gegen jemanden in den Kampf gehen, sondern sich bewusst machen, was bekomme ich hier signalisiert. Sobald das Thema erkannt ist, so lege es ab. Lege es zur Seite und dann gehe in Deinen eigenen Kampf und setze Dich durch, nicht indem Du den Ball zurückwirfst, sondern indem Du Deine Aufgabe darin erkennst. Deine Aufgabe besteht darin, nicht in der gebeugten Haltung zu gehen, sondern die Schultern zu straffen, Dich aufzurichten und dem anderen seine Grenze zu zeigen, damit er Deine Grenze achtet! Lass hierbei Worte der Wärme fließen, Worte der Darlegung, Worte des Herzens. Denn wenn Du die Worte des Herzens sprichst, wird sich die Situation entspannen und die Einsicht auf beiden Seiten ermöglichen. Versagen hier die Worte, dann gehe schweigend in die Umarmung, lege Deine Hand auf seine oder umfasse seine Schultern. Dies öffnet das Herz und lässt die Worte folgen. In der Auseinandersetzung mit einem Vorgesetzten, dem Du glaubst gehorchen zu müssen, damit Dir die Sicherheit der Arbeit gewährleistet ist, ist es ratsam, ihn in Deiner Vorstellung in ein zartes rosa Licht zu kleiden, damit seine Blockaden aufweichen können. Sende ihm liebevolle Gedanken für geistiges Wachstum und für geistige Erneuerung und signalisiere ihm, dass Du ihn achtest. Wenn Du damit noch Probleme hast, so überprüfe, ob Du Dir selbst Beachtung schenkst und schon bereit bist, Deine eigenen Begrenzungen zu erkennen und aufzulösen.

Freier Wille

Wenn Du von jemandem beleidigt wirst, so hast Du die freie Wahl, ob Du Dich auf eine Auseinandersetzung einlässt oder ob es Dir nur ein Lächeln entlockt. Aber es liegt nicht in Deinen Möglichkeiten, dieser Situation auszuweichen. Sie steht plötzlich vor Dir, ohne Vorwarnung. Nun kommt es darauf an, ob Du auf dieses Thema noch Resonanz lebst, was bedeutet, ob Du noch bewertest. Jeder Tag in Deinem heutigen Leben kreiert einen neuen Tag in Deinem nächsten Leben. Somit legst Du in diesem Leben bereits den Grundstein für das Kommende. Wenn Du Dich nun in Deinem nächsten Leben vor unerwartete Probleme gestellt siehst, so denkst Du vielleicht, womit habe ich das verdient, ich tue doch niemandem etwas Böses. Aber das ist kurzsichtig gedacht, denn die Ursachen für das, was Dir widerfährt, hast Du ja bereits in diesem Leben gelegt. Wenn Dich heute ein Schicksalsschlag trifft, so besinne Dich darauf, dass Du es nicht vermeiden konntest, denn Ursache und Wirkung lassen sich nicht außer Kraft setzen. Hier kommt Dein freier Wille im Besonderen zum Tragen. Das, was geschieht, kannst Du nicht verhindern, aber Du kannst Deine innere Haltung dazu ändern. „Demut bedeutet aus geistiger Sicht, sich der Unveränderlichkeit des Lebens zu beugen, um nicht an ihr zu zerbrechen." Du kannst auch sagen: „Ich akzeptiere all das, was ich in Liebe nicht verändern kann." Erfährst Du nun einen Schicksalsschlag, dann wäre es ratsam, dem Geschehen nicht zu viel Aufmerksamkeit zu schenken. Gehe in die innere Haltung, das Beste daraus zu machen, und wende Dich wieder schönen Gedanken und Dingen zu. Wenn Du trotzdem hier noch Schmerz fühlst, dann ist es Zeit für Dich, Deinen Kampf aufzugeben. Dann ist dies ein Noch-Thema, mit dem Dein Ego in Resonanz steht. Da schlummert noch was, was Dich in Deiner Liebeskraft begrenzt. Nicht immer kannst Du erkennen, warum Dir in Deinem Leben dieses oder jenes passiert. Du wirst gefordert zu akzeptieren, was Du nicht verändern kannst, und gleichzeitig das anzupacken, was Du bewegen kannst. Selbstfindung bedeutet: „Du hast die Aufgabe, Dein ganzes Wollen zu leben, ohne Dich von den Rückwirkungen Deiner früheren Taten beeindrucken und abhalten zu lassen. Du sollst Dich in die Entfaltung bringen und Dein Wünschen und Sehnen in die Tat umsetzen." Das bedeutet manifestieren. Um dies im Einklang mit dem Willen Gottes zu tun, gehst Du in das Gebet und trägst Dein Ansinnen in Form einer Bitte vor. Sei dankbar, dass ER, unser Herr und Vater, Dir zuhört. Und dann sprichst Du Dein Amen. Dein Amen bedeutet: „Herr, wenn mein Wollen und meine Handlungen meiner Entwicklung dienen, dann sage bitte Dein Ja dazu." In Deinem Amen liegt das: „Herr, Dein Wille geschehe, ich werde diesen Weg mit Deinem Ja gehen."

Kräfte richtig einsetzen

Ein Mensch, der ständig unter Anspannung steht, läuft Gefahr, dass seine Nerven zerreißen. Ursache für diese Nervenüberlastung ist ein ständiger

Entscheidungsdruck: „Schaffe ich es, schaffe ich es nicht? Muss ich mich jetzt um den anderen sorgen oder wird's gutgehen? Stehe ich jetzt auf oder bleibe ich liegen?" Da kann keine Freude aufkommen. Es ist wichtig, dass Du Dich zur Ordnung rufst und Deine Gedanken in die Ruhe bringst. Du musst damit aufhören, Deine wertvollen Energien zu verschleudern. Sag Dir einfach: „Das Problem bleibt mir ja erhalten, jetzt will ich mich erst einmal etwas anderem zuwenden." Wenn Du es so erst einmal akzeptierst, fällt schon ein großes Maß an Widerstand in sich zusammen und Deine nervliche Anspannung weicht. Bedenke, dass alle Gedanken in die Manifestation drängen. Wenn Du Dich um einen Menschen sorgst, dann kann das, worum du dich bei dem anderen sorgst, auch eintreten. Das Gleiche geschieht, wenn Du in Gelassenheit und Vertrauen an den anderen denkst. Gedanken und Worte sind Energien, die ein Programm in die Zukunft setzen. Es ist ein Zeichen von Reife und Eigenverantwortung, wenn Du mit Deinen Kräften richtig haushalten kannst. Wenn Du Dich um jemanden kümmern möchtest, der Hilfe benötigt, und Du möchtest ihm aus Nächstenliebe Deine Unterstützung anbieten, dann überlege sorgfältig. Du kannst ihm das Essen zubereiten und ihm die Wohnung sauber halten. Merkst Du jedoch nach einiger Zeit, dass Du Dich übernommen hast, wo bleibst Du dann? Vielleicht möchtest Du Dich abends ein wenig ausruhen und vor Dich hinträumen. Aber Deine Arbeit muss ja auch noch getan werden, und ehe Du Dich versiehst, wächst Dir das Thema über den Kopf und es kommt zum Zusammenbruch. Deine Batterie ist leer. Also werde achtsam mit Dir selbst und prüfe vorher, ob Deine Kraft für Dein Vorhaben ausreicht. Wenn Du einen Wunsch hast und diesen, ungeduldig wie Du bist, möglichst gestern schon umsetzen möchtest, so spricht das nicht von seelischer Reife. Gehe nicht mit zu großem Enthusiasmus an die Umsetzung heran, sondern überprüfe auch hier zunächst Deine Kraftreserven. Und wenn Du dann sagst, es ist alles stimmig, aber ich habe noch nicht die benötigte Kraft, dann begib Dich in die Ruhe und erbitte eine Lösung. Bitte um Hilfe und beginne, Dir das Ergebnis im Tagtraum vorzustellen, so dass es über die Gedankenenergien in die Manifestation gehen kann. Und dann lass es auf Dich zukommen. Es ist ratsam, verantwortlich mit seiner Lebensbatterie umzugehen und dafür zu sorgen, dass der Energiefluss stimmt. Du kannst Deinen Energiefluss am besten dadurch optimieren, indem Du Dir eine Pause gönnst, indem Du Dich zurückziehst und Dich regenerierst. Dadurch kannst du dich wieder aufladen. Setz Dich einfach einen Moment hin, schließe Deine Augen und atme einige Male tief ein und aus. Dann merkst Du schon sofort eine Verbesserung. Du kannst eine bestimmte Atemtechnik oder autogenes Training, Qi-Gong, Tai-Chi oder Yoga erlernen. All diese Übungen führen Dich in eine Entspannung, so dass sich die Verspannung, diese Blockade, auflösen kann und abfließt. Es ist ein Akt der Nächstenliebe, sich um einen Mitmenschen zu kümmern, der in Not ist. Dies kannst Du auch durch ein Gebet tun und indem Du ihm Heilenergien sendest. Wichtig dabei ist, dass Du Dir vorher seine Einwilligung einholst. So greifst Du nicht in sein Schicksal, in seine Intimsphäre und damit in sein Karma ein und Deine Hilfe wird dem anderen zum Segen gereichen. Ist diese andere Person in Not und Du kannst sie nicht persönlich um Erlaubnis fragen, dann bitte Gott, dass Dein Gebet oder Ritual von ihm angenommen wird. Damit dringst Du nicht in ihr Karma ein. Indem Du Dein Amen sprichst, überlässt Du alles Weitere Gott.

Geben und Nehmen

Wie denkst Du über Dich? Bist Du in Deinen Augen ein wunderbarer und wertvoller Mensch? Kannst Du Dich im Spiegel ansehen, Dich mit Deinem Vornamen ansprechen und zu Dir selbst sagen: „Du bist mein ganzes Glück?" Wenn nicht, dann suchst Du noch die Aufmerksamkeit und Anerkennung im Außen. Dann bist Du noch ein Abhängiger, denn dann lebst Du den Wunsch nach Beachtung, nach Anerkennung, nach Lob, dann wirst Du beweisen müssen, welch ein wunderbarer Mensch Du bist. Dann musst Du Dich einbringen, um zu erhalten, wonach Du begehrst, und das sind Anerkennung, Befriedigung sowie das Empfinden: „Ich bin ein wertvoller Mensch." Wenn Du in einem hohen Selbstwert stehst, und damit meine ich nicht das Ego, dann willst Du selbstverständlich für Dich nur das Beste. Du wirst Dich nicht mit der zweiten Wahl zufriedengeben, sondern Du willst die erste Wahl, weil Du Deinen Wert erkannt hast. Auch hier greift das Gesetz: „Was Du säest, das wirst Du ernten." Du musst also immer in Vorleistung treten, damit Du etwas empfangen kannst. Gott will Dich in der Wahrhaftigkeit Deines Begehrens sehen. Er verlangt den ersten Schritt von Dir. Wenn Du mehr willst, musst Du mehr geben.

Gott will Dich ganz. Seine Fülle gegen Deine. Deine Fülle wird immer zuerst verlangt, dass bedeutet für Dich, sich ihm ganz und gar auszuliefern, damit er Dich in seiner ganzen Fülle treffen kann. Du erhältst immer das, was Du bereit bist, an Einsatz zu leben. Je mehr Du willst, desto höher Dein Einsatz. Es ist Deine ganze Willenskraft gefordert, mehr geben zu wollen, die Begrenzungen zu überwinden und hinter Dir zu lassen. Ohne dies ist kein Wachstum möglich. Wer mehr gibt, empfängt mehr. Auch im Verzeihen gibst Du etwas sehr Wertvolles, was auf Dich zurückkommt. Wenn du einem anderen verzeihst, dann lebst Du den höchsten Ausdruck, wozu ein Mensch in der Lage ist. Verzeihung bedeutet, sich selbst zu verzeihen. Solange Du Dir nicht wahrhaft selbst verzeihen kannst, kannst Du auch einem anderen nicht verzeihen. Dadurch kannst Du keine wahre Liebe leben, Du kannst sie auch nicht entwickeln. Um wahrhaft verzeihen zu können, darf Dich die Vergangenheit und alles, was geschehen ist, nicht mehr berühren. Wenn Du von dem Geschehen der Vergangenheit befreit bist, Du keine Erinnerung mehr an sie lebst, dann kann ein Neubeginn sein, ein neuer Tag. Dann hat das Alte seine Gültigkeit verloren und keine Macht mehr über Dich. Es kann somit Deine Zukunft nicht mehr prägen. „An einem jeden Tag kreierst Du einen neuen Tag in Deinem nächsten Leben." Um wahrhaft frei zu sein und damit sein Leben selbstbestimmend zu gestalten, bedarf es, die alten Muster und alten Gewohnheiten zu erkennen und aufzulösen. Jede Erinnerung an eine Kränkung führt Dich in ein Wiederholungsmuster, denn Du stehst immer noch vor der gleichen Person, der gleichen Situation. Du lebst immer noch in dieser Verletzung, obwohl schon viele Jahre dazwischen liegen und die betreffende Person längst verstorben ist. Ein wahrhaftes Verzeihen bedeutet ein wahrhaftes Vergessen, eine Neuauflage Deines Lebens, ohne die alten Muster und ohne die Bewertung der vergangenen Tage. Wenn Dich im Heute ein Mensch kränkt, dann denke nach und hinterfrage: „Was sendet mir der andere für eine Botschaft? Was will er mir damit sagen?" Fühle Dich in einer solchen Situation nicht gekränkt und ziehe Dich nicht zurück, damit Du nicht wieder in die alten Rollen verfällst. Hinterfrage die Situation und lasse zu, dass Du in ein neues Verständnis geführt wirst, wo Lösungen bereitliegen. Wenn Du die Kraft des Verzeihens hast, dann gehst Du den Weg der Weisheit, dann gehst Du den Weg der Meisterschaft. Dann werden sich Dir die kosmischen Gesetze öffnen. Du wirst in ihnen lesen wie in einem Buch und die Wahrheit über Gott wird Dir zuteil werden. Diese Wahrheit führt Dich in die Kraft der reinen bedingungslosen Liebe.

Energiesystem des Menschen

Jeder Mensch verfügt über Chakren, die mit seinen feinstofflichen Körpern kommunizieren. Es sind Energiewirbel, die durch ihre Drehbewegungen wie Staubsauger arbeiten und das Meridiansystem des Menschen mit kosmischer Energie versorgen. Menschen, die z. B. Angst haben, ihre Bedürfnisse zu artikulieren, unterdrücken ihre Emotionen. Das entsprechende Chakra ist dann in seiner Energiezufuhr eingeschränkt und es kommt auf Dauer zu körperlichen Problemen. In der physischen Struktur unterscheiden wir drei untere Chakren, das Steiß-, das Sakral-Chakra und der Solarplexus, und drei obere Chakren, das Hals-Chakra, das Stirn-Chakra, auch 3. Auge genannt, und das Scheitel-Chakra. Das Herz-Chakra in der Mitte verbindet diese unteren und oberen Chakren miteinander und bildet eine Brücke. Die drei unteren Chakren repräsentieren das Materielle, das Grobstoffliche, das Dunkle und die oberen drei das Feinstoffliche, das Lichte, die Wahrheit. Diejenigen, die den geistig-spirituellen Weg beschreiten und glauben, die Materie in den drei unteren Chakren verleugnen zu müssen, um ganz in das Feinstoffliche zu finden, fallen aus dem Gleichgewicht und werden mit der Zeit verrückt. Diejenigen, die die drei oberen Chakren und damit jede geistige Existenz verleugnen, werden krank und sterben. In beiden Fällen kommt es zu einem Ungleichgewicht im Energiesystem. Erst wenn die Waage im Ausgleich steht, kann sich das Tor zur Wahrheit, zur Erleuchtung, öffnen und die Kundalini-Energie fließt ungehindert. Sie entspricht der Schlangensymbolik aus dem Paradies und führt Dich in ihrem natürlichen Fluss in das Christusbewusstsein zurück. Bevor der Mensch in die Verdichtung ging, hat diese Energie frei schwingen können, danach hat sich diese wie eine Schlange im Steiß zusammengerollt. Übereifrigen sei gesagt, dass sich die Chakren durch unsachgemäße Übungen und verfrühte Einweihungen zu schnell öffnen können. Dadurch kommt es zu einem unkontrollierten Energiefluss, der höchste Nervenschmerzen verursachen kann. Du wirst plötzlich an eine Spannung angeschlossen, die Du nicht ertragen kannst. Das kann Dich zerreißen, es wird Dir übel und Deine Nerven können durchbrennen. Es ist klüger, die Chakren durch Visualisierung zu reinigen, so dass sie wieder leichter schwingen und arbeiten können. Manipulation an den Chakren wirkt sich nicht nur auf den Körper, sondern auch auf den geistig-seelischen Zustand aus. Dein Herz-Chakra öffnet sich auf natürlichem Weg, indem Du mit Dir achtsam wirst, Dich ohne Vorleistung annimmst und lernst, Dir selbst zu genügen. Höre auf damit, Dich wichtig zu nehmen und es anderen zeigen zu müssen. Lass Dich stärker auf Deine Liebeskraft ein, werde gütiger und sanftmütiger mit Dir selbst und anderen, als Ausdruck Deiner göttlichen Vollkommenheit. Wenn Du so vorgehst, dann wirst Du merken, wie Du mit Dir friedvoller wirst. Dann beginnst Du, mit Dir selbst in die Versöhnung zu gehen. Dies bedarf der Übung und Meditation. Wenn Du immer wieder übst, wird es Dir so selbstverständlich werden, dass Du Dich nicht mehr dazu auffordern musst. Dann schwingt die göttliche Liebe in Dir. Wenn Du das alleine nicht schaffst, weil Du Dich getrieben und gehetzt fühlst, ergibt es keinen Sinn, Dich zwingen zu wollen. Auch solltest Du lernen, Deine Chakren zu verschließen, um Dich gegen negative Energien zu schützen. Der sicherste Schutz ist jedoch die Angstfreiheit! Wenn Du angstfrei bist, brauchst Du keine Chakren zu reinigen oder zu verschließen. Dann stehst Du in der Liebe, dem Gegenpol der Angst. Wenn Du in der Liebe bist, dann bist Du in Gott und Gott ist in Dir. Dann bist Du unverletzbar.

Umgang mit der Angst

Es ist viel sinnvoller, an der Liebe zu arbeiten, als sich zu schützen. Denn da, wo Du Deine Aufmerksamkeit hinlenkst, stärkst Du mit Deiner Energie. Wenn Du mit einem unangenehmen Zeitgenossen zusammenstößt, so schenk ihm Deine Liebe und sehe in ihm den Ausdruck und die Vollkommenheit Gottes! Wenn Du ihn kritisierst, bedeutet das, Gott in ihm zu kritisieren. Wenn Du ihn lobst, so bedeutet das, Gott in ihm zu loben, und wenn Du ihn ermutigst, so bedeutet das, Gott durch ihn wirken zu lassen. Sich zu schützen bedeutet, sich vor Gott zu schützen, und das wiederum bedeutet, sich von ihm abzuwenden. Du jedoch sollst lernen, in allen Lebensphasen unberührt zu bleiben, damit die Nähe zu Gott aufrechterhalten bleibt. Dies erreichst Du nicht, indem Du ausweichst, sondern nur, indem Du Dich einlässt. Das heißt, verletzt Dich ein Mensch, dann sag ihm: „Du, das hat mich jetzt verletzt. Warum kränkst du mich?" Fehlt Dir dazu der Mut, dann sag Dir selbst: „Ich weiß nicht, was geschehen ist, aber anscheinend war ich für ihn ein Auslöser für ein Thema, das er jetzt bearbeiten soll." Und dann lässt Du es so stehen. Vielleicht ist es Dir ja auch möglich, aus Deiner Kränkung herauszugehen und ihm aus seiner Not herauszuhelfen. Wenn Dir das gelingt, dann ist kein Schutz notwendig. Dann bist Du angstfrei geworden und das ist der größte und sicherste Schutz, den es überhaupt gibt. Es ist klüger, an der Angstfreiheit zu arbeiten, als sich vor der Angst zu schützen. Wenn Du einem Menschen helfen möchtest und er signalisiert Dir: „Lass mich in Ruhe!", dann lässt du ihn in Ruhe. Dann ist er noch nicht bereit, seine Situation zu verändern. Dann dränge Dich ihm nicht auf, denn das würde bedeuten, ihn zu entmündigen. Wende Dich auch nicht von ihm ab, sondern warte auf den Augenblick, wo er sagt: „Jetzt verstehe ich, was du meintest, wärest du jetzt bereit, mir zu helfen?" Wirst Du jedoch komplett als Person abgelehnt, dann gehe deinen Weg. Du kannst nicht mit allen gut auskommen. Zu unterschiedlich sind die Lebenserfahrungen, Wahrnehmungen und Lebensphilosophien. Jeder steht in einer anderen Seelenreife. Das bedeutet nicht, dass Dir der andere gleichgültig werden soll, sondern es bedeutet, ihn in seiner Entwicklung, in seinem Anderssein, zu akzeptieren. Um diese Entwicklung zu unterstützen, wäre es ratsam, wenn Du Dich einer Meditationsgruppe anschließen würdest, da hier eine schnellere Energieanhebung stattfinden kann. Wenn Dir das nicht zur Verfügung steht, dann wende Dich der Natur zu. Lausche ihren Geräuschen und nimm wahr, was Dir hier geboten wird. Vereine Himmel und Erde miteinander, damit Deine Seele frei wird. Es liegt an jedem Einzelnen selbst, ob er dem Licht oder der Dunkelheit zuarbeitet. Jeder trägt bewusst oder unbewusst mit seinem Wünschen und Wollen dazu bei, ob ihn Glück oder Unglück ereilt.

Angst vor dem irdischen Tod

Wenn es eine Tatsache gibt, über die sich alle einig sind, dann ist es der Tod. An ihn glauben alle, ohne Ausnahme. Jeder ist davon überzeugt, dass er irgendwann eintritt. Trotz dieser nicht wegzudiskutierenden Tatsache, versucht doch die Mehrzahl, den Gedanken daran zu vermeiden. Dies drückt eine verborgene Angst aus, dass sie einmal plötzlich vom Tod überrascht werden könnten. Eine unbestimmte Furcht hält sie davon ab, sich diesem so wichtigen Thema zu stellen. Es gibt kaum ein anderes Thema, das so zur Seite geschoben wird wie der Tod. Es ist doch auffallend, dass sich der Mensch gerade mit dem Ende seines Erdenseins so wenig beschäftigen will, während er allen anderen Vorgängen, sogar ganz nebensächlichen Dingen, eine tiefere Bedeutung beimisst. Er beschäftigt sich mit allem Zwischengeschehen mehr als mit dem, was ihm über alles Aufklärung bringen würde: Der Anfang und das Ende seines Erdendaseins. Wenn Du nicht weißt, was nach Deinem irdischen Tod mit Dir geschehen wird, so überkommt Dich die Furcht. Die Angst vor dem irdischen Tod ist etwas ganz Natürliches, sie entspringt dem Selbsterhaltungstrieb. Selbst wenn Du weißt: „Meine Seele ist unsterblich, und wenn ich meinen Körper verlasse, treffe ich alle die wieder, die vor mir gegangen sind", bleibt ein unerklärbares Gefühl. Es erwartet Dich eine Erfahrung, die Du noch nicht kennst, und das macht Dich unsicher. Andererseits musst Du Dein jetziges Leben aufgeben und damit natürlich auch Menschen, Dinge und lieb gewonnene Gewohnheiten, die Dir vertraut sind. Je reifer Deine Seele und je schlichter und einfältiger Dein Geist wird, desto liebender wird Dein Wesen, und die Angst wird Dich verlassen. Die Liebe löst jedes Problem! Der Unwissende, der nicht an eine geistige Welt glaubt, fürchtet sich vor dem Tod, weil er nicht weiß, was sein wird. Der Wissende fürchtet sich häufig, weil er nicht einschätzen kann, ob er seine Aufgaben hier auf Erden zur Genüge erfüllt hat. Wenn Du nun diesen mutigen Weg über diese Erde beendest und in die geistige Welt zurückgehst, dann wirst Du Dich in einer Lichtqualität wiederfinden, die Deinem Bewusstsein entspricht. Was viele nicht wissen: „Wenn Du im Koma liegst oder Dein Gehirn tot ist, nimmst Du dennoch war, was um Dich herum geschieht, und Du hörst auch, was gesprochen wird." Diese Wahrnehmung bleibt bestehen, bis sich die Seele endgültig vom Körper gelöst hat. Diese Zeit kann für Deine Seele noch sehr hilfreich sein. Hier können noch Ratschläge und Belehrungen an Dich gegeben werden, die Dir nach Deinem Ableben weiterhelfen können.

Sterbeprozess

Der Ätherleib ist das Bindeglied Deiner Seele zum physischen Leib. Wenn Du stirbst, dann löst sich der Ätherleib vom physischen Körper ab. Dieser Prozess benötigt eine bestimmte Zeit und richtet sich nach der Temperatur. In wärmeren Ländern setzt ein schnellerer Verwesungsprozess ein, sodass die Seele den Körper schneller verlassen kann. In kühleren Regionen, so auch in Kühlhäusern, kann sich die Seele nicht so schnell vom Körper trennen. Hierbei spielt auch das Bewusstsein der Seele eine bedeutende Rolle. Lebt sie während ihres irdischen Lebens eine geistige Ausrichtung und lebt sie Vertrauen in die geistige Welt, so wird sie sich schneller von ihrem Körper lösen. Lebt sie aber eine starke Bindung an die grobstoffliche Welt oder ist unwissend in Bezug auf die geistige Welt, so wird dieser Lösungsprozess vom Körper sehr langsam und zögernd sein. Durch die Aufbewahrung des Leichnams in Kühlhäusern kann sich die Seele noch viel länger halten. Im ungünstigsten Fall kann sich die Seele schwieriger vom Körper lösen, so dass ihr nicht genügend Zeit zwischen Tod und Verbrennung bleibt, um sich vollständig vom Körper zu lösen, was zu Schmerzempfindungen führen kann, weil ja noch eine Verbindung zwischen Seele und Körper besteht. Bist Du geistig offen für das Kommende, dann hast Du, sobald du den grobstofflichen Körper ablegst, ein ganz anderes Wahrnehmungsvermögen. Du wirst Licht. Dann wirst du im Lebensrückblick wissen, warum eine andere Person in Deinem Leben so und so gehandelt hat. Dann wirst du dir noch einmal überlegen, ob Dich wahrhaft jemand ärgern wollte, ob es eine Boshaftigkeit war oder was für ein Sinn hinter dieser Handlung stand. Eine ganz andere Sichtweise beherrscht Deine Wahrnehmung. Entscheidend ist, dass Du beim Betrachten Deines Lebensfilmes nichts mehr bewertest, egal ob gut oder schlecht, sondern alles in die Neutralität führst. Je nachdem, wie gut Dir das gelingt, und entsprechend Deiner seelischen Reife, zieht es Dich in die geistige Lichtebene, zu der Du passt. In die Ebenen über Dir hast Du dann keine Einsicht.

Auf die Ebenen unter Dir kannst Du Einsicht nehmen und die Seelen, die sich hier aufhalten, besuchen. Sie wiederum können Dir aber nicht begegnen, solange Du Dich auf Deiner Ebene aufhältst.

Bedeutungen von Organspende und künstlicher Befruchtung

Die Organspende ist eine Missachtung Gottes. Die Menschheit bringt damit viel Dunkelheit über die Erde! Wenn ein solches Ausschlachten stattfindet, erfährt die betreffende Seele ein großes Drama. Dann haben die Helfer der geistigen Welt viel zu tun, um den Schmerz der Seele zu mildern. Da ein Austrocknen des Körpers stattfindet, leidet die Seele Durst. Sie wird in einem leichten Schlaf gehalten, damit ihr das Geschehen nicht so bewusst wird. Die geistigen Helfer können jedoch nur dem Menschen helfen, der sich der geistigen Welt gegenüber öffnet. Der Organempfänger geht ein großes Risiko ein. Jede Zelle eines Körpers ist programmiert mit Emotionen, von Freude bis zur Wut. In dem Moment, wenn ein Organ transplantiert wird, nimmt der Organempfänger die Fremdinformationen auf. Diese Programmierungen sind ganz besonders stark im Herzen. Wenn nun ein labiler Mensch ein Herz transplantiert bekommt, so ist es durchaus möglich, dass er sich danach fremdbestimmt fühlt und Gewohnheiten an den Tag legt, die ihm wesensfremd sind. Die Energien des Organspenders wirken auf das Bewusstsein des Empfängers ein und verändern sein Wesen. Wird eine Frau nicht schwanger, so steht ein Thema dahinter, welches erkannt und gelöst werden will. Eine künstliche Befruchtung entspricht einem Verstoß gegen die geistigen Gesetze. Der Schutz der elterlichen Energiefelder gegen den Eintritt einer Astralseele ist hier nicht gewährleistet, sodass es hierdurch zur Inkarnation einer Seele kommen kann, die noch nicht die Reife dazu hat. Organspende und künstliche Befruchtung können fatale Folgen für alle Beteiligten und deren Umfelder nach sich ziehen.

Komazustand und die Freiheit der Seele

Wenn der Körper durch einen Unfall viel Blut verliert oder die Organe zerstört werden und ihre Funktionsfähigkeit einbüßen, so muss die Seele den Körper verlassen. Sind durch Alter oder übertriebene Genusssucht die Organe so sehr verschlissen und der Körper schon so sehr geschwächt, dass er in einen Komazustand fällt, so kann die Seele immer selbst entscheiden, ob sie ihren Körper verlassen will. Solange der Körper an einer Herz-Lungen-Maschine angeschlossen ist, wird er künstlich am Leben erhalten, und die Seele hat die Möglichkeit weiter in dem Körper zu verweilen, solange sie will. Je nach Reife der Seele kann sie in diesem Körper weiter verbleiben, um in diesem Zustand noch Erfahrungen zu machen, oder sie wird den Körper verlassen, weil sie erkennt, dass dieses Leben für sie keinen Sinn mehr hat. Dies bedarf einer großen Kraft und eines starken Willens. Wenn die Seele noch stark der Materie verhaftet ist, so wird sie in der Hoffnung in diesem Körper verweilen, dass dieser eines Tages wieder ohne Maschinen funktionieren wird.

Konsequenzen bei Selbstmord und Sterbehilfe

Gott hat Dir Deinen freien Willen gegeben. Du kannst also tun und lassen, was Du willst. Jedoch musst Du Dich den Konsequenzen Deiner Handlungen stellen. Wenn Du Dir aus Lebensüberdruss oder tiefer Ausweglosigkeit das Leben nimmst oder wegen starker Schmerzen ohne Hoffnung auf Besserung das Leben nehmen lässt, so unterbrichst Du Dein Lernprogramm. Dann hat Deine Seele keine Wahl. Sie ist gezwungen, Deinen Körper zu verlassen, und kehrt in die geistige Welt zurück. Deine irdische Gemütsverfassung bleibt Dir hier erhalten. Sie ist nicht ausgelöscht! Du trägst die Verzweiflung, die Angst und die Unsicherheit weiterhin in Dir. Dir wird die natürliche Lebensspanne, die Dir auf Erden noch gegeben war, bewusst und Du erkennst, dass Du nun diese restliche Zeit in der geistigen Welt in der gleichen Gemütsverfassung noch ertragen musst. Mit der Zeit durchläufst Du durch die Belehrungen Deiner geistigen Helfer eine Bewusstseinsveränderung und Du beginnst zu verstehen, dass Du Deine Lebensaufgabe nicht angenommen und damit nicht gelöst hast. Dies bedeutet für Dich eine Wiederkehr in ein neues irdisches Leben mit ähnlichen Lebensumständen und der gleichen Gemütsverfassung. Du wirst wieder genau in der gleichen Not Deines Herzens stehen wie in Deinem vergangenen Leben, wo Du Dir das Leben nahmst. Damit wirst Du auf die Probe gestellt und Du musst beweisen, ob Du verstanden hast und nun wahrhaft überleben willst. Dein zwischenzeitlicher Aufenthalt in der geistigen Welt kann also Dein Thema nicht beenden. Es findet wohl eine Aufarbeitung statt, aber dann kehrst Du zurück in einen neuen Körper. Das eigene Leben vorsätzlich zu beenden, bringt Dich also nicht weiter. Wenn man sich bewusst wird, wozu die körperlichen Schmerzen dienen, dann ist die Sterbehilfe wahrlich kein Dienst an der Seele. Schmerzen entstehen, wenn Du zwischen Körper, Geist und Seele Disharmonie lebst. Schmerzen dienen dazu, Dich aufzuwecken und zum Nachdenken anzuregen. Sie sollen Dir bewusst machen, dass Du nicht in der Einheit lebst. Sind sie karmisch bedingt, dann ist es wichtig, den körperlichen sowie den seelischen Schmerz anzunehmen. Du musst „Ja" zu ihnen sagen und mit ihnen in die Auseinandersetzung gehen, damit Du sie überwinden kannst. Gehst Du in die Zurückweisung und betrachtest sie als Feind, dann kämpfst Du gegen sie. Aber damit überwindest Du sie nicht. Werde Dir bewusst, dass Gott nichts mit Deinen Schmerzen zu tun hat. Nicht Er legt Dir die Last auf Deine Schultern. Du alleine tust das. Wenn Du in der geistigen Welt Dein irdisches Leben planst, dann neigst Du zum Übermut. Du nimmst Dir schnell zu viel vor in der Hoffnung, damit das Rad der Wiedergeburt zu beenden. Deine geistigen Helfer warnen Dich vor Überheblichkeit und sind stets darum bemüht, Dein Programm nicht zu hoch anzusetzen. Aber letztendlich müssen sie sich Deinem Willen fügen. In letzter Konsequenz wählst Du aus, welches Thema Du in Deinem irdischen Leben anpacken willst. Du selbst hast Dir dieses Leben so gewählt und darum sag „Ja" dazu. In dem Maße, wie Du in Deiner Lebensbewältigung Deinen Mut einbringst, wird Dir immer die Hilfe Gottes zuteil werden. Entsprechend Deines Mutes schenkt er Dir seine Stärke.

Bewusstsein der Seele im Sterbeprozess

Das Bewusstsein, mit dem die Seele den Körper verlässt, formt unmittelbar ihr neues Umfeld. Gedanken materialisieren sich augenblicklich. Wünsche, Hoffnungen, positive Vorstellungen von einem Leben nach dem Tod sowie Ängste verwirklichen sich sofort. Einem Bibeltreuen kann es nach einem Herzinfarkt folgendermaßen ergehen. Er hat gar nicht mitbekommen, dass er gestorben ist. Da er nur sieht, was er sehen will, und das ist das, was seiner Vorstellung entspricht, wird ihm zunächst nichts Sonderbares auffallen. Da er daran glaubt, dass die Verstorbenen erst am Jüngsten Tag auferstehen werden, existieren diese für ihn gar nicht, das ist der Grund, warum er sie dann auch nicht wahrnimmt. Das erschwert ihm, die Tatsache zu erkennen, dass er tot ist. Stirbt jemand mit der Angst, in die Hölle zu kommen, so werden seine Gedanken entsprechende Verhältnisse formen. Besonders betrüblich sieht es für den Menschen aus, der überhaupt nicht an eine Existenz nach dem physischen Tod glaubt. Wenn der Tod ihn ereilt und seine Seele den Körper verlässt, steht seine Seele verständnislos und einsam im Sterbezimmer. Verständnislos deshalb, weil er sich in seinem Erdenleben sträubte, an ein Fortleben nach dem Tod zu glauben, weil er sich deshalb nie mit dem Gedanken ernsthaft befasst hat und alle die verlachte, welche darüber sprachen. Verwirrt schaut er um sich. Er sieht sich selbst auf seinem Sterbebett liegen, sieht die ihm bekannten Menschen weinend darum stehen und hört deren Worte. Er fühlt auch deren Schmerz, den sie durch seinen Verlust empfinden. Mit allen Mitteln versucht er, ihnen mitzuteilen, dass er ja noch lebt! Verwundert, ja vielleicht sogar entsetzt muss er erkennen, dass sie ihn nicht hören. Angst beginnt, in ihm emporzusteigen. Er hört doch seine Stimme selbst ganz laut und fühlt auch seinen Körper deutlich. Noch einmal versucht er, sich bemerkbar zu machen, aber niemand beachtet ihn. Sie blicken weinend auf den toten Körper, den er als seinen eigenen erkennt. Er ist ihm plötzlich fremd, denn er steht mit seinem Körper ja daneben, frei von jedem Schmerz, den er bisher empfunden hat. Ein unsagbares Furchtgefühl lässt ihn erschauern. Schwäche des Verlassenseins drückt ihn zu Boden, sein Bewusstsein droht zu schwinden. Fort will er, doch es ist ihm unmöglich, von diesem reglosen, kalten Körper loszukommen. Deutlich fühlt er, dass er noch immer mit ihm verbunden ist. Nach einem kurzen Dämmerschlaf erlebt er Menschen, die einen Kranz an seinem Sarg niederlegen. Erstarrt lauscht er den abwertenden Worten dieser Menschen, mit denen er so oft gezecht und gelacht hat, die ihm nur Gutes sagten, während sie in seinem Haus saßen und seine Gastfreundschaft genossen. So viele, die er hochgeschätzt hatte, lassen jetzt Ekel und Zorn in ihm aufsteigen, und manchem, den er während seines Erdenlebens nie beachtete, würde er gern mit Dank die Hand drücken. Aber sie hören ihn ja nicht, fühlen ihn nicht, obwohl er rast und, um zu beweisen, dass er noch lebt, schreit! Dann der Tag seiner Beerdigung. Ein verzweifeltes Lachen macht schnell wieder tiefster Verzagtheit Platz. Eine große Einsamkeit überkommt ihn. Er wird müde und schläft ein. Als er wieder aufwacht, ist es dunkel um ihn herum. Wie lange er geschlafen hat, weiß er nicht. Er hat keinerlei Zeitgefühl mehr. Es ist ihm bewusst, dass er nicht mehr wie bisher mit seinem Erdenkörper verbunden sein kann, denn er ist frei. Frei in dieser eigenartig bedrückenden Finsternis, die auf ihm lastet. Er ruft. Er hört seine eigene Stimme nicht. Stöhnend sinkt er zurück. Als er nach langer Zeit wieder erwacht, umgibt ihn immer noch dieselbe Finsternis, dasselbe unheilvolle Schweigen. Er will aufspringen, aber seine Glieder versagen ihm den Dienst. Mit aller Kraft rafft er sich schließlich in angstvoller Verzweiflung auf und schwankt tastend hin und her. Oft stürzt er zu Boden, aber er hat keine Ruhe abzuwarten, denn ein starker Drang treibt ihn dazu, sich dauernd fortzutasten und zu suchen. Suchen! Aber wonach? Sein Denken ist verwirrt, müde und hoffnungslos. Er sucht etwas, das er nicht begreifen kann. Er sucht und sucht. Es treibt ihn immer weiter, dauernd weiter! Jahre, Jahrzehnte vergehen so, bis er endlich in Tränen zusammenbricht und ein

Schrei maßloser Verzweiflung und des hoffnungslosen Schmerzes einen ersten Gedanken gebiert, diesem Zustand zu entrinnen. Er versucht zu erkennen, was ihn in diesen so entsetzlichen Zustand gebracht hat. Das Denken fällt ihm unendlich schwer. Wiederum vergehen Jahre. Heraus, heraus aus dieser Finsternis! Der Wunsch wird zur Sehnsucht und ganz langsam erwächst daraus ein Gebet. Demut zieht in seine Seele ein. Sein Körper steht wie unter Strom, als ihn mit einem Mal eine Dämmerung umgibt und er plötzlich wieder sehen kann. In der Ferne sieht er ein Licht. Er hört auch wieder seine Stimme, als er ruft: „Mein Gott, ist da jemand, helft mir!" Das Glück darüber gibt ihm neue Kraft und voller Hoffnung geht er auf das Licht zu. Wenn der Mensch zu Lebzeiten nichts davon wissen will, dass es auch ein Leben nach dem Tod gibt und er all sein Tun und Lassen einmal zu verantworten hat, dann ist er nach seinem Ableben blind und taub, sobald er hinübergehen muss. Nur die Tage oder Wochen nach seinem irdischen Tod, während er noch mit seinem grobstofflichen Körper verbunden ist, kann er zeitweise noch wahrnehmen, was um ihn herum geschieht. Sobald aber die Loslösung von seinem Körper erfolgt ist, hört und sieht er nichts mehr. Das ist ganz natürlich, weil er zu Lebzeiten von der geistigen Welt nichts hören und sehen wollte. Sein eigener Wille, der das Feinstoffliche schnell entsprechend formen kann, verhindert es, dass dieser feinstoffliche Körper sehen und auch hören kann, und zwar so lange, bis in dieser Seele langsam eine Veränderung stattfindet. Ob dies nun Jahre oder Jahrzehnte, vielleicht Jahrhunderte währt, obliegt dem freien Willen der Seele. Erst, wenn sie Hilfe erbittet, wird sie ihr gewährt, nicht früher. Nie wird sie dazu gezwungen. Das Licht kommt ihr auch keinen Schritt entgegen. Sie muss sich erst aus eigener Kraft aus dieser Dunkelheit, die sie hält, fortbewegen. Ihr ganzes Wollen ist gefragt.

Bewusstsein einer erdgebundenen Seele

Seelen, die schon zu Lebzeiten sehr aggressiv und Besitz ergreifend waren, die die Partner, die Familien und ihr ganzes Umfeld tyrannisiert haben, werden auch nach dem Tod nicht unbedingt Einsicht in ihr Fehlverhalten zeigen. Stattdessen bleiben sie erdgebunden. Das bedeutet, dass sie nicht ins Licht gehen, sondern sich an ihre Angehörigen heften. Oft, ohne sich darüber im Klaren zu sein, dass sie tot sind, leben sie ihren alten Terror weiter. Dies bedeutet, dass sie immer noch ihren Besitzanspruch auf ihr Zuhause, den Partner und die Familie leben wollen. Oft kommt es zu heftigen Attacken, um den Partner einzuschüchtern und an sich zu binden. Der erste Schritt ist, dass der Partner angstfrei wird und sich sagt: „In Ordnung, ich akzeptiere, dass die Seele noch da ist und Probleme schafft. Aber sie kann dies nur so weit bewerkstelligen, wie ich mich darauf einlasse." Das bedeutet, furchtlos mit der Seele, mit dem Verstorbenen, zu sprechen und zu sagen: „Deine Zeit hier mit mir auf dieser Erde ist nun vorbei und ich möchte dich bitten, mir mein eigenes Leben zu lassen und ins Licht zu gehen. Dies ist nicht mehr der rechte

Platz für Dich, es gibt hier nichts mehr für Dich zu tun. Geh ins Licht und eile denjenigen entgegen, die Dich abholen wollen."

Es ist hilfreich, für diese Seelen eine Kerze anzuzünden und für sie zu beten. In früheren Zeiten haben die Menschen drei Tage Totenwache gehalten und Messen lesen lassen, um die Seele ins Licht zu begleiten. Leider ist das aus der Mode gekommen. Es ist eine wunderbare Hilfe mit einer wunderbaren Wirkung, weil hierdurch ein positiver Einfluss auf die Seele ausgeübt wird. Sich selbst kann man vor solch erdgebundenen Seelen schützen, indem man seine Chakren reinigt und verschließt. Man kann auch etwas Salz an verschiedenen Stellen der Wohnung ausstreuen, das Kreuzzeichen darüber machen und die Worte sprechen: „Diesem Zeichen müssen alle erdgebundenen und bösen Geister weichen." Hierbei kann man Jesus Christus bitten, die Seele ins Licht zu begleiten. Wenn jemand gestorben ist, so ist es auch ratsam, seine Wohnung mit Weihrauch zu reinigen. Du kannst auch einen Bergkristall oder einen Rosenquarz in die äußeren Ecken der Wohnung legen, die zum Ausleiten eine Spitze nach außen aufweisen. Hierdurch wird ein Energiefeld in den Räumen aufgebaut, indem sich erdgebundene Seelen nicht wohlfühlen. Das Gleiche bewirken auch Bilder von Heiligen oder ein Jesusbild. All das baut ein Energiefeld auf, das eine grobe Seele nicht aushält, sodass sie freiwillig Abschied nimmt.

Bedeutungen von Besetzung und Schizophrenie

Leider gibt es sehr viele Menschen, die sich aus Neugierde oder auch aus einem Geltungsbedürfnis leichtfertig und in Unkenntnis auf feinstoffliche Energien einlassen. Bei dem Versuch, mit der Geisterwelt in Kontakt zu treten, kann es sehr leicht passieren, dass eine Besetzung stattfindet. Du kannst immer wieder versuchen, sie zu überreden, dass sie Dich in Ruhe lassen. Aber sie haben einen freien Willen und sie tun, was sie wollen. Haben diese Besetzer Dich einmal im Griff, so lassen sie nicht mehr von Dir ab. Sie nähren sich an Deinen Emotionen. Wenn sie nicht freiwillig gehen, dann wende Dich im Gebet an Erzengel Michael. Visualisiere, wie Erzengel Michael mit seinem Flammenschwert Deinen Arm nimmt und einen Lichtkreis um Dich zieht, so dass keine neuen Besetzer kommen können. Das musst Du aber wiederholen, denn die Energie im gezogenen Energiekreis lässt im Laufe des Tages nach. Damit es zu einer Besetzung kommt, musst Du in Dir sehr labil und ängstlich sein. Solange Du noch in Geborgenheit lebst, bist Du stark. Sobald Du jedoch Verantwortung übernehmen musst, kann die Angst so groß werden, dass eine Fremdbesetzung möglich ist. Auch der große Wunsch, sich der geistigen Welt zu öffnen, wirkt wie eine Einladung: Hier bin ich, gebrauche mich, geistige Welt! Das, was Du Dir jedoch in Deiner Gutmütigkeit einfängst, missbraucht Dich für eigene Zwecke. Besetzungen können auch erfolgen, wenn Du nicht bei Bewusstsein bist. Auch starke Schmerzen können hier die Tür für den unliebsamen Gast öffnen. Der Genuss von Betäubungsmitteln und von Rauschmitteln ist im Besonderen zu erwähnen, weil hier auf sehr fahrlässige Weise die Stabilität des eigenen Willens geschwächt wird. Hast Du Dir erst einmal einen Besetzer eingefangen, wirst Du ihn so schnell nicht mehr los. Denn freiwillig wird er nicht gehen, da er durch Deine Emotionen sein Verlangen stillt, das ihn in seiner Körperlosigkeit quält. Diese Besetzer-Seelen müssen in die Einsicht geführt werden, dass sie hier Missbrauch mit einem Menschen und dessen Körper treiben. Da diese Seelen ihre Geborgenheit nicht aufgeben wollen und nicht erkennen können, was auf sie zukommt, wenn sie sich lösen, ist ein energisches Einwirken auf sie mit den Worten der Einsicht und der Liebe und vor allem dem Gebet unerlässlich. Bedingt durch die ihm auferlegten Zwänge lebt der Mensch nicht mehr das Leben, was er leben möchte. Er kann nicht so sein, wie er eigentlich ist. Er wird durch eine fremde, erdgebundene Seele so stark überschattet und in Besitz genommen, dass er fremdbestimmt wird. Dieser Zustand ist durch eine spezielle Therapie zu heilen. Um einer Besetzung vorzubeugen, bedarf es eines starken und stabilen Willens. Nach dem Motto: „Ich bin der Herr in meinem Haus! Das ist alleine mein Haus und ich suche mir meine Mitbewohner selbst aus!" Je spannungsreicher eine Zeit wird, und die jetzige Zeitenwende ist spannungsgeladen, das erkennst Du an Deiner nervlichen Belastung im Alltag, umso größer ist die Gefahr, dass diese Besetzer einkehren. Bist Du bereits vom Übel befallen, so benötigst Du einen Menschen, der die Gabe hat, den Besetzer zu verabschieden. Helfen kann nur das innige Gebet, die Bitte an Gott unseren Herren: „Nimm diese Seele von mir, bewege sie dazu, in das Licht der Wahrheit zu gehen!" Den besten Schutz erfährst Du, wenn Du Gott zu Dir einlädst. Verbinde Dich immer wieder im Gebet mit Gott und bitte ihn um Begleitung und Schutz durch seine Heerscharen. Diese werden die Seele dann dazu bewegen, von Dir abzulassen. Einen anderen Weg gibt es nicht. Der Zustand einer Besetzung kann heikle Formen annehmen. Bei sehr starker Labilität kann es zu Persönlichkeitsveränderungen und Schizophrenie kommen. Schizophrenie ist der Ausdruck einer massiven Besetzung und kann dadurch geheilt werden, indem der Besetzer fortgenommen wird.

Bedeutung der Wiedergeburt

Wenn Du spürst, dass Du in der geistigen Welt in Deinem Wachstum nicht mehr weiterkommst, so entschließt Du Dich für ein neues Leben auf der Erde. Dies ist häufig deshalb notwendig, weil die Seele es nicht geschafft hat, im Rückblick auf ihre vergangenen Leben urteilsfrei zu bleiben. Alle mitgebrachten Beurteilungen wirken wie Anhaftungen, lasten auf der Seele und wollen erlöst werden. In der Regel konntest Du Dir selbst oder einem anderen Menschen nicht verzeihen. Mit Hilfe Deines geistigen Führers und seiner Helfer planst Du dann ein neues Leben, indem durch die Wahl Deiner Eltern, Geschwister, Partner etc. dasselbe Lebensthema wieder auflebt. Du suchst Dir also Deine Eltern selber aus!

Du hättest Dich auch anders entscheiden können! Diese Tatsache ist wichtig, denn sie erklärt die Bedeutung des 4. Gebotes: „Du sollst Vater und Mutter ehren." Wenn Du diese Wahl selber getroffen hast, können Deine Eltern unmöglich Schuld an Deinem verkorksten Leben sein. Nun kommst Du auf diese Erde zurück und kannst Dich an nichts erinnern. Das hat seinen Sinn. Wenn Du Dich nämlich an Deine früheren Leben erinnern könntest, würdest Du Dich selbstverständlich darum bemühen, Deine Fehler der Vergangenheit nicht zu wiederholen. Aber das würde bedeuten, dass Du Dein Leben mit dem Verstand bestimmen würdest. Dein Verstand ist aber von Gott getrennt. Nur mit Deiner Seele und Deinem Gefühl findest Du zu Gott zurück. Wenn Du weißt, was Du in vergangenen Leben alles getan hast und was Du in diesem Leben ausgleichen und bereinigen willst, dann könntest Du berechnend vorgehen. Dann bist Du wie ein programmierter Roboter. Aber gerade das soll nicht sein. Du sollst ja mit dem Herzen dabei sein und Gefühle leben. Du sollst frühere Verhaltensmuster nicht mehr erkennen und Vergangenes auf sich beruhen lassen. Das ist der schwerste Weg in die Selbsterkenntnis. In dem ausschließlichen Wunsch, Gott immer näher zu kommen und immer stärker eins mit ihm zu werden, schwingst Du Dich immer mehr in die allumfassende Liebe. Das bedeutet, Dich selbst, Deine Eltern und alle Mitmenschen in Liebe zu achten und zu respektieren. Dann fallen Deine alten Muster ab, ohne dass Du weißt, warum. Triffst Du in diesem Leben auf eine Seele, mit der Dich aus einem vergangenen Leben noch ein unerlöstes Thema verbindet, so muss dieses ausgelebt werden. Angenommen, ihr seid in einem früheren Leben nicht zusammengekommen. Ihr habt Euch sehr geliebt, aber einer von Euch starb. Dann muss diese Liebe in diesem Leben ausgelebt werden. Wenn Du bereit bist, diese höheren Zusammenhänge zu akzeptieren, dann löst Du mit der Zeit alle Deine Schatten der Vergangenheit auf. Je freier Du wirst, je mehr Du Dich von Deinen Abhängigkeiten löst, desto lichter wirst Du. Dann wirst Du nicht mehr zurückkommen und das Thema der Wiedergeburt auf dieser Erde ist für Dich erledigt. Du wirst in eine andere Sphäre hineingeboren, in der Dich neue Aufgaben erwarten. Dort schwingst Du in einer höheren Energie. Hast Du bereits wahre Liebeskraft gelebt, dann wirst Du den Menschen, die noch in der Dunkelheit gefangen sind und noch Leid erfahren, eine hohe Aufmerksamkeit entgegenbringen. Wenn es Dein Wunsch ist, dann wirst Du freiwillig aus dieser höheren Sphäre als ihr Vorbild zurückkehren wollen, um ihnen Licht und Hoffnung zu sein und um ihnen mit Mut und Kraft beizustehen. Deine Rückkehr auf die Erde wird dann aus einer stillen Aufforderung Deines Herzens heraus freiwillig und ohne Zwang sein.

Alle Deine Leben sind im Weltenarchiv, in der Akasha-Chronik aufgezeichnet. Ein neues Leben beginnt immer mit dem Todesdatum des vorherigen Lebens. Bist Du also an einem 21.07. gestorben, so wirst Du Deinen Lebenszyklus hier auf Erden an einem 21.07. wieder fortsetzen und damit die Qualität des entsprechenden Sternzeichens in seiner Wertigkeit weiterführen. Selbst ein Kaiserschnitt wird zum richtigen Zeitpunkt ausgeführt. Wenn Du Deine Leben in der geistigen Welt planst, so bestimmst Du selbst, was Du erledigen und was Du erleben willst. Hier gibt es einen Plan A, einen Plan B usw. Geht Plan

A nicht auf, so tritt Plan B an dessen Stelle. Nichts ist willkürlich. Das bedeutet, dass Deine Freiheit viel eingeschränkter ist, als Du glaubst. So sind in der Regel Dein Geburts- und Todestag feste Daten. Da Du in bestimmten Mustern verhaftet bist, lässt sich aus der geistigen Welt ziemlich exakt voraussehen, wie lange Du benötigst, um ein bestimmtes Thema zu erledigen. Wie viele Themen Du verarbeitest, ist losgelöst von Deinem Abschied hier auf Erden. Es ist, als würdest Du eine Reise von A nach B planen. Die Route steht dann fest. An ihr wird sich nichts mehr ändern. Aber Dir bleibt es überlassen, wo und wann Du eine Pause einlegst. Du kannst auch längere Zeit an einem Ort verbleiben, bist Du keine Lust mehr hast und es Dich weiterzieht. Wenn Dich auf diesem Weg jemand überfällt, Dich ausraubt oder Dir gar das Leben nimmt, so ist dies bestimmt. Daran kannst Du nichts ändern. Wenn Dich ein solches Schicksal schon in jungen Jahren ereilt, so bedeutet das, dass Deine Lebenszeit hier zu Ende ist. Wenn Dir jemand zu Hilfe eilt und Du überlebst, so bedeutet dies, dass Deine Zeit des Abschiedes noch nicht gekommen ist. Egal, ob es sich um Kindesmisshandlung, Hungertod, Katastrophen, Vergewaltigung oder Tötung handelt, es sind alles Bestimmungen, die Du selbst getroffen hast. Denke immer daran, Deine Seele geht durch alle nur erdenklichen irdischen Erfahrungen als Täter sowie als Opfer, bis sie letztendlich gereinigt und geläutert wieder in das Reich des Lichts eingeht.

Kinder der neuen Zeit

Es inkarnieren auf den unterschiedlichsten Kontinenten sehr reife Seelen, die bereits in jungen Jahren die Wahrheit der Liebe verkünden werden. Sie werden die Menschen in ein neues Bewusstsein führen. Andere wiederum bringen einen großen Freiheitsdrang mit und leben ein enormes Mitteilungsbedürfnis. Sie haben viel zu sagen, und wenn sie es jetzt vielleicht auch noch nicht können, so ist da dennoch der Druck in ihnen. Wenn sie immer nur gemaßregelt werden, kann ja der Druck nicht abfließen. Da die Eltern ja auch nur begrenzte Nerven haben, verlieren sie irgendwann die Geduld mit solchen Kindern und diese fühlen sich dann missverstanden. Darum ist es wichtig, diesen Kindern Aufgaben zu geben, damit sie auf diesem Weg die Zuwendung und die Anerkennung bekommen, die sie für ihre geistig-seelische Entwicklung benötigen. Körperliche Zuwendung und ausreichende Bewegung in der Natur sind hilfreich, damit die überschüssige Energie über die Bewegung abgeleitet werden kann. Da es für diese Kinder fast unmöglich ist, den heutigen Vorstellungen der Eltern, der Lehrer und der Gesellschaft gerecht zu werden, sind sie sehr früh auf sich selbst gestellt und werden jemanden suchen, der ihnen diese uneingeschränkte Liebe ohne Erwartungshaltung entgegenbringt. Dieser Weg ist steinig und viele dieser Seelen werden es nicht schaffen, da sie sich in Abhängigkeiten begeben. Wenn sie ihre höheren Ideale in dieser unglücklichen Gesellschaft nicht umsetzen können und im Kampf um ihre Selbstbehauptung unter den Einfluss von Medikamenten gestellt werden, so besteht die Gefahr, dass sie durch Computerspiele, Alkohol, Drogen und anderen Exzessen dieser rohen und lieblosen Welt zu entkommen versuchen. Das menschliche Gehirn produziert das Glückshormon Dopamin. Medikamente wie Ritalin besetzen an den Zellmembranen die Dopamin-Rezeptoren, sodass das Glückshormon nicht mehr wirken kann. Dadurch werden die Kinder ruhiggestellt und den gesellschaftlichen Vorstellungen angepasst. Wissenschaftliche Studien weisen heute schon darauf hin, dass diese Kinder ständig stärkere Kicks benötigen, um durch eine vermehrte Dopaminproduktion im Gehirn überhaupt noch ein Glücksgefühl zu erfahren. Dies ist ein Teufelskreislauf, der im Alter zu Parkinson führen kann. Es bedarf eines Reformkurses, der starke Führungspersönlichkeiten hervorbringt, die auf diese Missstände aufmerksam machen und bereit sind, sich einer breiten unbeweglichen Masse zu stellen. Die Menschheit fährt einen gefährlichen Kurs der Anpassung zu Gunsten der Bequemlichkeit. Diejenigen, die diesen Weg wählen, bekommen gesundheitliche, finanzielle oder zwischenmenschliche Probleme. Dieser Zustand wird sich in den nächsten Jahren dramatisch verschärfen. Die Ausrichtung auf Bequemlichkeit, materiellen Status und Unabhängigkeit hat ihren Preis. Das soziale Gefüge bricht zusammen. Der Mensch, Gottes höchste Schöpfung, zählt nichts mehr. Sobald er den Anforderungen der Gesellschaft nicht mehr entspricht, wird er ausgetauscht, abgeschoben oder lieblos vernachlässigt. Das alles hat weitreichende Konsequenzen. „Was der Mensch sähet, das wird er ernten." Unsere Kinder sind unsere Zukunft. Wenn sie durch uns keine Stabilität erfahren, können sie auch für uns im Alter keine aufrechterhalten. Die Basis für einen jungen Menschen ist Sicherheit. Sie beginnt schon in der Schwangerschaft. Wenn die Mutter sich sorgt, geht es dem Fötus auch nicht gut. Unsere chaotische Gesellschaftsstruktur des materiellen Überlebens macht die gelebte Mutterschaft so gut wie unmöglich. Die Mutter gehört zum Kind. Der Staat hat dies durch eine sozialere Reformpolitik zu fördern. Kinderhorte sind nicht die Lösung. Die Verantwortung für ein Kind beginnt schon sehr früh und kann nur von Eltern übernommen werden, die gelernt haben, für sich selbst die Verantwortung zu übernehmen. Heute ein Kind in die Welt zu setzen, bedeutet bereits für viele den Verzicht auf bisher gewohnte Annehmlichkeiten, aber erst recht auf eigenen Erfolg und Karriere. Die Eltern, die das Gesetz von Ursache und Wirkung für sich erkannt haben und ihr Leben danach ausrichten, übernehmen wahrhaft Verantwortung. Diese Eltern haben verstanden und können auch ihre Kinder in diese Verantwortung führen, indem sie ihnen durch Vorbild und rechte Erziehung näherbringen, dass jedes Verhalten Folgen mit sich bringt. Bei einem Kind bedeutet das, dass es für sein Verhalten Konsequenzen erfährt. Wenn dies auf liebevolle Art und Weise vermittelt wird, wächst das noch unbewusste Kind ganz natürlich in das göttliche Gesetz von Ursache und Wirkung hinein. Darin liegt die Hauptverantwortung der Elternschaft. Dafür müssen sich die Eltern Zeit nehmen. Ein großer Teil der Erzieher und Lehrer haben sich in ihrer Bequemlichkeit bereits entmündigen lassen und kommen ihrem Teil der gesellschaftlichen Erziehung nicht mehr nach. Resignation hat sich unter ihnen breitgemacht. Heute hat der Schüler mehr Rechte als der Lehrer. Dies ist eine fatale Entgleisung unseres Erziehungssystems. Dies stellt für die auf diese Erde drängenden Seelen ein großes Problem dar. In der heutigen Zeit ein entsprechend geeignetes Elternpaar zu finden, dass schon in dieser Verantwortung steht und der Seele damit optimale Voraussetzungen bietet, ihr Lebensthema auszuleben, ohne an den schon beschriebenen Problemen zu scheitern, ist zu einem Roulette-Spiel geworden. Viele Seelen wollen diesen Bewusstseinsprozess hier auf Erden als Entwicklungschance unbedingt miterleben und nutzen trotz der unglücklichen Voraussetzungen jede Möglichkeit, die sich ihnen bietet. Besonderen Herausforderungen sind die Kinder ausgesetzt, die von ihren Eltern abgelehnt werden, ohne Eltern groß werden müssen oder schon krank zur Welt kommen.

Lebensaufgabe abgelehnter Kinder

Wirst Du als Kind von einem Elternteil oder beiden abgelehnt, dann bedeutet es, dass Du Dir dieses Umfeld gewählt hast, um Abneigung zu erfahren. In der Regel ist es dann so, dass Du in vergangenen Leben eine Machtposition ausgenutzt hast. Da hast Du Menschen für Deine egoistischen Zwecke benutzt oder ausgebeutet, anstatt ihnen Achtung und Beachtung zu schenken.

Eine andere Möglichkeit besteht darin, dass Du dieses Thema gewählt hast, um Dich von den Menschen abzunabeln. Dies geschieht ab einer gewissen Bewusstseinsstufe und Lichtung der Seele und des Geistes. Du willst Dich in diesem Leben von den Menschen lösen, um eine starke Ausrichtung auf Gott anzustreben. Dies bedeutet nicht, sich von den Menschen abzusondern. Dies ist möglich, indem Du lernst, mit Dir eins zu werden, Dir zu genügen und Deine Erwartung nicht auf die Welt, sondern auf Gott zu richten.

Es gibt noch eine weitere Möglichkeit. Du kannst auch zu den Seelen gehören, die sehr liebevolle Eltern haben, aber trotzdem in der Familie leiden, sich gar nicht wohl und glücklich fühlen und eine große Einsamkeit in sich tragen. Dann kommst Du aus einer lichteren Ebene auf diese Erde und hast Heimweh. Du fühlst Dich unglücklich, traurig und unfrei. Du hast das Empfinden, dass um Dich herum alles grob ist. Auch Du erlernst, eine besondere Ausrichtung auf Gott zu leben. Du hast bereits in der Kindheit eine sehr starke religiöse Ausrichtung, eine sehr starke bewusste Gottesanbindung und Verbindung. Man findet Dich in der Regel in bestimmten Berufen, um Menschen zu helfen, um Menschen zu begleiten, damit auch sie die Worte des Lichtes erfahren und ins Licht finden können. Das heißt also, die Familie ist notwendig, damit Du heranwachsen kannst, aber es besteht keine sehr intime Beziehung zur Familie. Der Familienverbund ist in diesem Falle nicht so stark.

Lebensaufgabe elternloser Kinder

Wenn Du ohne Vater und Mutter groß wirst, dann hat Deine Seele die Aufgabe gewählt, in diesem heutigen Leben eine große Eigenverantwortung und Eigenständigkeit zu leben. Dies kommt vor, wenn Du in den vergangenen Leben eine große Labilität und Unsicherheit gelebt hast. Da hast Du nicht zugepackt, sondern immer nur die Hand des anderen festgehalten. Durch die Erfahrung, dass Du Dich auf niemanden verlassen kannst, lernst Du in diesem Leben, Dich auf Dich selbst zu verlassen. Du erfährst bereits in sehr frühem Kindesalter Einsamkeit durch Verlust. Der Hass darauf, verlassen worden zu sein, ist ein lebenserhaltender Schutzmechanismus in der Jugend, denn sonst bestünde die Gefahr der Resignation und Depression. Das ist ein sehr schwieriger Lernprozess, der nicht immer so verstanden wird. Suchst Du als Kind oder Erwachsener dann sehr stark nach Liebe, weil Du die Liebe von den Eltern nicht erfahren hast, wirst Du sehr schnell zum Nachläufer, anstatt Dein Thema anzunehmen, Eigenverantwortung zu erfahren und das Bestreben zu leben, Dein Leben selbst in die Hand zu nehmen.

Seelische Absprachen zwischen Mutter und Kind

Die Seelen sprechen sich in der geistigen Welt ab. Aber sowohl die Mutter als auch die Seele des Kindes haben einen freien Willen und können es sich noch einmal anders überlegen. Wächst ein Kind im Mutterleib heran und es kommt zum Abort, dann bedeutet dies, dass die Seele es sich anders überlegt hat. Dann wird ihr das Lebensthema zu ungemütlich und sie verschiebt es lieber noch einmal auf einen späteren Zeitpunkt. Ist das Kind bereits geboren und es stirbt in den ersten Lebenstagen, obwohl es organisch gesund ist, dann spricht man vom Kindstod. Dann sagt sich die Seele: „Nein, ich nehme mich wieder zurück, ich will nicht!" Als Säugling oder Kleinkind kann sich die Seele noch leichter vom Körper lösen. Gehen wir davon aus, es bestand eine Verabredung in der geistigen Welt und nun sagen die Eltern: „Wir möchten kein Kind mehr!" Die Seele wollte oder sollte aber noch in diese Familie geboren werden, dann wird sie warten, bis sie sich mit einer anderen Familie zusammentun kann. Das bedeutet, sich in der geistigen Welt mit einer anderen Familie abzusprechen, die in der Regel mit dieser Seele noch in einer Blutsverwandtschaft steht.

Lebensaufgabe bei Krankheit von Geburt an

Wirst Du als krankes Kind geboren, so kann der Grund nur in einem vergangenen Leben liegen. Dies muss jedoch nicht bedeuten, dass Du eine Schuld abbüßt, dass Du durch ein karmisches Thema hindurchgehen musst. Es kann auch bedeuten, dass Du freiwillig eine Erkrankung angenommen hast, um die Liebe in der Familie bzw. Deinem Umfeld wachsen zu lassen. Eltern leben den natürlichen Instinkt, ein kleines unschuldiges Kind beschützen zu wollen. Da ist so viel Zärtlichkeit in den Erwachsenen einem Säugling und einem Kind gegenüber. Wenn Du als Kind behindert bist, heißt das, dass Dir besondere Aufmerksamkeit, Hingabe und Liebe zuteil werden. Das heißt also, dass das Umfeld die Möglichkeit hat, das Liebespotential in sich auszuschöpfen.

Andererseits kann dieser Umstand von Dir auch als Schicksalsschlag empfunden werden, der Dich verbittern lässt. Da kannst Du sagen: „Warum ausgerechnet ich, wo ist da der gütige und liebende Gott?" In einer solchen Situation bedarf es, Demut zu leben, „Ja" zu sagen und sich dem Unveränderbaren zu beugen, um nicht daran zu zerbrechen.

Die Krankheit von Geburt an kann also zwei Gründe haben. Entweder soll Deine Familie durch Dich in eine größere Liebeskraft geführt werden oder Du bringst ein karmisches Thema mit, dass Du nun in diesem heutigen Leben ausleben willst. In den meisten Fällen sind beide Gründe vorhanden, denn die Liebe der Eltern zu dem behinderten Kind hilft, das karmische Thema schneller zu lösen und zu erlösen, selbst wenn die Erkrankung unheilbar ist. In jedem Fall muss der Mensch lernen, die Verantwortung für sein Leben zu übernehmen. Gott liebt alle Menschen gleich. Wenn Du Dein Schicksal annimmst, bedeutet das eine große seelische Reife. Du sagst „Ja" zu deiner Vergangenheit. Du akzeptierst damit eine von Dir selbst gesetzte Ursache, die die heutigen Umstände als Wirkung hervorbringt. Du musst dabei nicht wissen, was dahinter steckt. Gehe einfach nach vorne und mache das Beste daraus. Lege Dich dabei nicht mit Deinem Schicksal auf einen anderen Menschen, denn es ist Deine Aufgabe, das Thema zu erlösen. Manchmal erlebst Du, dass Eltern mit einer solch schwierigen Lebensaufgabe überfordert sind und dadurch Fehler in der Erziehung machen. Wenn das Auswirkungen auf die Kinder hat, dann kannst Du für die Seelen dieser Eltern und dieser Kinder beten. Bitte Gott darum, dass sie keinen zu großen Schaden aus dieser Situation erleiden, dass sie daran wachsen und nicht daran zugrunde gehen mögen.

Bedeutungen von Fügung und Gnade

Die Ursache einer jeden Erkrankung ist eine Fehlregulation Deines Geistes. Sie entsteht durch nicht gelebte Tugenden. Wenn Du anderen Menschen Deine Aufmerksamkeit und Hilfsbereitschaft schenkst, um dadurch Zuwendung zu erhalten, so lebst Du Unaufrichtigkeit. Die Tugend hierzu wäre aber Aufrichtigkeit. Du gaukelst damit einem anderen Menschen eine nicht gelebte Herzenszuwendung vor. Deine Handlung dient nur dem Selbstzweck. Wen würde es da wundern, wenn Du dadurch eine Herzerkrankung erlittest. Hintergrund ist ein mangelndes Selbstbewusstsein, das Dich in die Selbstdarstellung geführt hat. Überprüfe einmal, ob Du Dir selbst Liebe und Aufmerksamkeit schenkst. Die Ursache einer Krankheit ist immer in einer Fehlhaltung zu suchen. Sie gilt es zu erkennen und zu verabschieden. Sie muss ausgelöscht werden, damit Dein Körper wieder in seine ganze Kraft und Gesundheit geführt wird. Du löschst die Krankheit aus Deinem Geist, indem Du Herrschaft über Deine Gedanken und Worte erlangst. Befiehl ihnen zu schweigen und zu gehen, dann wird die Krankheit für immer ausheilen. Mache Dir bewusst, dass Du der Herrscher Deiner Gedanken bist. Das ist die Macht, die Dir Gott verliehen hat. Handelt es sich um eine karmisch bedingte Krankheit, so kann auch diese durch einen Gnadenakt Gottes geheilt werden. Dies bedarf Deiner ganzen Hinwendung zu Gott, Deinem „Ja" für Gott. Karmische Krankheiten trägt der Mensch meist von Geburt an. Sie können auch während Deines irdischen Lebens auftreten. Wenn Du Dich nicht auf Dein Lebensziel ausrichtest, bringt Dir die Krankheit Begrenzung, damit Du aufwachst. Zu diesen Erkrankungen zählen chronische Verläufe, die langsam beginnen, sich mit der Zeit festfressen und Dich zu Grunde richten. Aber immer wieder steht die geistige Welt bereit, Dir bei der Bewältigung Deiner Lebensaufgaben zur Seite zu stehen. Es liegt an Dir, diese Hilfen anzunehmen. Fügungen sind ein Zusammentreffen von

Umständen, die Deinen Lebensweg leichter gestalten sollen. Der Geist arbeitet Dir zu und belohnt Dich für Deine Bemühungen und Dein Vertrauen. Im Gegenzug setzt Gnade immer ein Fehlverhalten voraus. Durch Gnade erlässt Gott Dir Prüfungen. Gnade wird Dir erteilt, wenn Du Dein Fehlverhalten erkennst und bereust. Also, Fügung bedeutet, Du bekommst Unterstützung, und Gnade bedeutet das Erlassen eines Fehlverhaltens, dem Reue und eine ehrliche Bitte um Verzeihung vorausgehen.

Rückblick auf den Tag

Dein Weg zurück zu Gott in Deine Gotteskindschaft fordert Deine ganze Kraft und Deine ständige Wachsamkeit. Daher ist es sinnvoll, an jedem Abend Rückschau auf den Tag zu halten. Lass ihn noch mal an Dir vorüberziehen. Erkenne, wo Du Gefühle von Freude und Mitgefühl oder Verärgerung und Zorn gelebt hast. Gegen welchen Menschen hast Du sie gerichtet und damit auch gegen Dich selbst? Wenn Du auf diese Weise Dein Tagesgeschehen noch einmal betrachtest, so überprüfe, ob Du in jeder Situation schuldlos davonkommst oder inwieweit Du Dich verstrickt hast. Versuche diese dann aufzulösen, indem Du Deine Gedanken und Gefühle zurücknimmst, indem Du sie bedauerst, indem Du Dich in Gedanken bei diesem Menschen entschuldigst. Entschuldige Dich auch bei Dir und vergebe Dir, wenn Du unfair zu Dir selber warst. Wenn Du so vorgehst, dann neutralisierst Du Dein Tagesgeschehen, bevor Du in den Schlaf gehst.

Damit kann es nicht in Vergessenheit geraten oder vielleicht verdrängt werden, um irgendwann einmal zu einer Rückwirkung zu führen. Dies ist klug und vernünftig, denn Du beginnst damit, eine ganz neue Lebensqualität zu leben. Du lichtest Dich dadurch selbst und erlöst, was in der Vergangenheit von Dir verursacht wurde. Hierdurch werden noch ausstehende Rückwirkungen, die noch nicht in Form von Schicksal oder Schicksalsschlägen zu Dir zurückgekommen sind, neutralisiert. Sag nie, dass Du Dir diese Zeit sparen kannst, denn Du kannst nicht rationeller vorgehen. Dann musst Du nicht über das Leid, über den Schmerz und über den Verlust in die Erlösung finden. Nein, denn Du beginnst, achtsamer mit Dir selbst zu werden, und Du wirst öfters daran denken, was Deine Handlungen für Wirkungen erzeugen, und dadurch wirst Du immer durchfluteter, getränkter von der allumfassenden, göttlichen Liebe. Du wirst immer stärker Ausdruck dieser Liebe und damit erlöst Du letztendlich alle vergangenen karmischen Themen. Du lebst keine Resonanz mehr, es kann Dich nichts mehr berühren, weil Du mit Deiner Energie darüber schwingst. Gelassen wirst Du diesen Themen gegenüberstehen. Sie können Dich nicht mehr einengen, sie können Dich nicht mehr länger beängstigen und in Furcht und Leid festhalten. Du wirst immer schuldloser, immer schuldenfreier, indem Du Dich in unschuldige Handlungen begibst. Aus geistiger Sicht ist ein Mensch dann intelligent, wenn er eine breite Auffassungsgabe besitzt, die er umsetzen kann. Hierzu gehören Fähigkeiten wie Achtsamkeit, Reaktionsvermögen und die Fähigkeit, agieren zu können. Insbesondere schwierige Situationen annehmen zu können, sich ihnen anzupassen oder sie verändern zu können sind wichtige Aspekte geistigen Bewusstseins. Intelligenz und Bewusstsein sagen nichts darüber aus, wie viel zweimal Zwei ist. Vielmehr drücken sie aus, inwieweit Du einen Einblick nehmen kannst in feinstoffliches Wissen und kosmische Gesetze und Dir diese zu Nutzen machen kannst, ohne davon zu wissen. Bewusstseinsreife bedeutet, Deinen Horizont zu erweitern und immer tieferen Einblick in die göttlichen Gesetze zu nehmen.

Visualisieren und Meditation

Der Sinn des Visualisierens ist, dass Du Wünsche, Sehnsüchte und Hoffnungen schneller in die Manifestation bringen und damit schneller realisieren kannst. Du kannst Deinen Körper heilen, indem Du den Organen durch Visualisierung das heilende göttliche Licht zuführst. Wenn Du einen Wunsch hast, so musst Du Dir ein genaues Bild von dem machen, was Du willst. Dazu bedarf es der genauen Vorstellung, wie es sein soll. Mache Dir bewusst, Du bist der Bauherr! Du gibst also der geistigen Welt durch Dein Visualisieren einen Auftrag. Du musst in der Planung sehr sorgfältig vorgehen, bevor Du Deinen Wunsch in die geistige Welt abschickst. Nun beginnen die Architekten der geistigen Welt, Deine Vorstellungen, Dein inneres Bild umzusetzen. Wenn Du einen Bauplan für Dein Haus abgeschickt hast, dann solltest Du danach nicht hingehen und diverse Wände verändern, denn das verzögert die Materialisation. Je klarer und beständiger Dein Bild, umso schneller die Umsetzung. Wenn sich Deine Wünsche nicht einstellen, so überprüfe, ob Du auch wirklich bei Deinem inneren Bauplan geblieben bist oder ob Du schon wieder eine Veränderung vorgenommen hast. Wenn es dadurch zu Verzögerungen in der Realisierung Deines Wunsches kommt, dann verlierst Du schnell den Mut, dann wirst Du lustlos und Du verlierst das Vertrauen. Wenn sich dann nichts einstellt, lässt Du Deinen Wunsch wieder fallen. Werde Dir bewusst, dass Du jegliche Verzögerung mit beeinflusst. Wenn Du einen Wunsch visualisierst, so ist äußerste Disziplin angesagt. Es ist ein wunderbares Training zur Gedankenkontrolle. Nur Ausdauer und Kontinuität führen Dich zum ersehnten Ziel. Alles ist möglich. Zum Üben nimm Dir eine schöne, duftende Blume. Schau sie Dir genau an, fühle sie, nimm ihren Duft wahr, lass ihre Farben auf Dich wirken, nimm jedes Detail wahr und dann schließe Deine Augen. Versuche nun, alle Details auch mit geschlossenen Augen in Deinem Geiste zu rekonstruieren. Mit der Zeit wirst Du in der Lage sein, durch das Visualisieren Deine Wünsche und Ziele genau zu beschreiben und vor allem länger festzuhalten, damit sie sich auch wirklich manifestieren können. Versuche diesen Weg, er führt Dich ohne Umwege in die Fülle. Es gibt Menschen, die nicht gut visualisieren können, aber darum kann die Übung trotzdem gelingen. Es ist natürlich und normal, dass zu Beginn einer Meditation störende Gedanken präsent sind. Es geht nicht darum, die Gedanken fortzujagen, sondern ihnen keine Beachtung mehr zu schenken. Wenn du merkst, dass sie da sind, dann lasse sie einfach stehen. Wenn du diese Gedanken loswerden willst, dann beginnst du dich ja mit ihnen zu beschäftigen, und das bedeutet, dass Du ihnen Energie und Macht gibst, Dich zu beherrschen. Also lasse sie einfach stehen. Wenn du nicht visualisieren kannst, dann nimm eine Orange in Deine Hand. Schau sie Dir kurz an und schließe Deine Augen. Dann fühle ihre Oberfläche und wähle für sie jetzt eine orange Farbe, die Dir gut gefällt. Sie soll so richtig frisch aussehen. Dann beginnst Du, sie im Geiste zu schälen, und riechst ihr Aroma. Nun zerteilst Du sie und probierst ein Stück von ihr. Du schmeckst ihr Fruchtfleisch und wählst einen süßlichen angenehmen Geschmack. Mit der Zeit wirst Du die Farbe vor deinem geistigen Auge sehen. Diese Übung ist sehr gut dafür geeignet, alle Deine Sinne anzusprechen und Deine Vorstellungskraft zu trainieren. Geduld ist gefragt! Wenn Du Dich unter Erfolgsdruck setzt, dann bist Du schon der Verlierer. Sinn der Meditation ist es ja, in die Entspannung zu gehen. Du willst Dich ganz leer machen, das ist das ganze Geheimnis, und das geht nur ohne Druck. Je weniger Erwartungshaltung du hast, umso besser wird deine Meditation gelingen.

Bedeutung von Träumen

In Deinen Träumen verarbeitest Du Tagesereignisse. Da wird Druck abgebaut, damit wieder ein Energieausgleich sein kann. Hast Du einen schmerzlichen Verlust erlitten, so kann es durchaus sein, dass Dir die verstorbene Person im Traum erscheint, um mit Dir zu kommunizieren oder sich in Erinnerung zu rufen, je nachdem, um was es geht. Sie kommt, um Dir zur zeigen, dass sie immer noch für Dich da ist und Dir Trost und Halt geben möchte. Nachts im Schlaf geht Deine Seele auf Reisen. Sie sucht Orte auf und lebt Begegnungen mit bereits Verstorbenen, so wie sie möchte. Im Traum gibt sie Dir dann Botschaften von diesen Reisen. Es gibt Menschen, die im Traum wissen, dass sie jetzt träumen und sich in einer ihnen nicht vertrauten geistigen Ebene befinden. Du kannst auch abends vor dem Einschlafen darum bitten, dass Deine Seele Dir nachts im Traum eine Lösung für ein ungelöstes Problem anbietet. Wenn Du dann morgens erwachst, dann hast Du kurz nach dem Aufwachen eine Idee, wie Du dieses Thema angehen kannst. Das geschieht sehr häufig. Nun träumst Du nachts mehrmals. Aber wenn überhaupt, dann bleiben nur die ganz besonders markanten Träume in Deinem Bewusstsein. Bitte also vor dem Einschlafen darum, dass du dich an den Traum erinnerst, so dass die Lösung beim Aufwachen auch noch präsent ist. Wenn Du erwachst, bist Du noch ganz offen und Du hast noch keine Gedanken im Kopf, die Deinen Geist begrenzen. In dieser kurzen Zeit des Aufwachens kannst Du die Lösung leichter aufnehmen und sie kann leichter in Dein Bewusstsein gelangen. Du könntest nun auf die Idee kommen, Deinen verstorbenen Vater in einer wichtigen Lebenssituation um Hilfe zu bitten, da Du vielleicht denkst, er hätte doch nun den besseren Überblick. Grundsätzlich kannst Du von Verstorbenen Hilfe anfordern. Was Du aber nicht wissen kannst, ist, ob sich die verstorbene Person bereits im Licht aufhält, ob sie schon frei ist von der Erde und von ihrem irdischen Leben. Überprüfe, in welcher Verbindung Du zu Lebzeiten mit diesem Menschen standest, von dessen Seele Du Dir heute Hilfe erbittest. Wenn er in seinem irdischen Leben sehr unausgeglichen war und noch viele Schwierigkeiten angezogen hat, dann sei zurückhaltend. Denn dann hast Du nicht die Garantie, dass sich seine Seele bereits in lichten Welten aufhält, wo sie Dir wahrhaft Hilfe sein kann. Diese Seele ist dann noch erdgebunden und hält sich in der Astralebene auf, weil sie nicht loslassen will oder kann, weil sie nicht um das Licht weiß oder sich vor dem Licht fürchtet. Deine Bitte würde dann etwas sehr Gegenteiliges auslösen. Die Seele würde versuchen sich mitzuteilen, weil sie ja die Aufmerksamkeit von Dir bekommt, und sie würde versuchen, nach Dir zu greifen. Hilfreich wäre das sicher nicht für Dich. Anders verhält es sich, wenn Du mit diesem Menschen ein gutes und herzliches Auskommen hattest. Hatte er ein sanftes, ruhiges und ausgewogenes Gemüt, war er zufrieden und Gott ergeben, dann kannst Du davon ausgehen, dass Du von dieser Seele wahrhafte Hilfe erwarten kannst. Den Verstorbenen ist es ein tiefes Bedürfnis zu helfen, damit Du nicht mehr Ihre Erfahrungen durchleben musst und schneller vorankommst. Es ist geschickter und sicherer, wenn Du Dich an Deine geistige Führung wendest, denn sie vermag mehr für Dich zu tun.

Transformation
der sexuellen Energie

Jedes Extrem führt Dich ins Leid. Es gilt, die Ausgewogenheit in allen Dingen anzustreben. Es ist Dein Ziel, Deine sexuelle Energie zu transformieren. Solange Dir das nicht bewusst ist, dient sie Dir zur Entspannung, zur Freude und zum Genuss. Lebst Du davon zu viel, führt es Dich in Abhängigkeit und Unfreiheit. Alles, was zu viel gelebt wird, wendet sich gegen Dich. Es ist natürlich und normal, dass Du Sexualität lebst, denn wenn Du sie unterdrückst, entsteht ein Gegendruck, der neue Probleme schafft. Nun kommt es noch darauf an, wie und mit wem Du Deine Sexualität auslebst. Fliegst Du wie die Biene von einer Blüte zur nächsten, dann bleibst Du ja nicht bei Dir. Sexuelle Vereinigung ist ein ganz intimer Austausch, denn da verschmelzen zwei Menschen miteinander und werden eins. Es geht also nicht primär darum, Deine sexuelle Lust zu befriedigen. Wenn Du in einer tiefen Herzensbindung und Liebe mit einem Menschen diese Vereinigung lebst, so ist es natürlich. Wenn Du Dich jedoch auch außerhalb dieser Beziehung noch sexuell bedienen willst, dann kannst Du nicht von Liebe sprechen, das ist dann sexuelle Besessenheit. Du hast ja nicht nur einen Trieb, sondern auch einen Verstand. Wenn Du erkennst, dass Du sexuelle Besessenheit lebst, so ist es wichtig zu ergründen, warum Du das tust. Es gilt, dieses Thema zu neutralisieren und auf ein normales Maß zurückzuführen. Je weiter Du auf dem geistigen Weg voranschreitest, desto mehr wird die

Sexualität in den Hintergrund treten. Dein Trieb wird immer schwächer und das Transformieren wird leichter möglich. Wenn Du versuchst, diesen Prozess zu beschleunigen, indem Du über den Verstand Deinen Trieb unterdrückst, dann ist das Thema immer noch da. Überall dort, wo Du unterdrückst, kannst Du nicht erlösen! Alles, was aus einem Drang und Trieb geschieht, ist höchst gefährlich! All das, was nicht ausgewogen ist, wird gefährlich, in jeder Beziehung. Also, die zu freie Liebe ist gefährlich und auch der selbsternannte Heilige, der seine Sexualität unterdrückt, lebt eine Gefahr. Alles in allem sind dies keine natürlichen Verhaltensweisen. Ebenso verhält es sich mit der Empfängnisverhütung. Wenn Du verhütest, dann willst Du verhindern. Du willst verhindern, dass sich Leben manifestieren kann. Du verhinderst, dass die Seelen, die zur Erde drängen, um Auflösung und Erlösung zu erfahren, kommen können. Dies ist ein Akt von mangelndem Verantwortungsbewusstsein. Die Natur hat durch empfängnisfreie Tage vorgesorgt, warum dann verhüten? Warum ist die Erde trotz Aufklärung überbevölkert? Weil die Seelen zur Erde drängen, um die Zeitenwende zu nutzen, ihre Entwicklung voranzubringen. In dem Moment, wo Du das Bedürfnis nach Lust und Laune lebst, da lernst Du nicht, in die Tiefe zu gehen, da erlernst Du nicht, Verantwortung zu tragen. Um den geistigen Weg zu gehen, den Weg des Lichtes und der Wahrheit, um Erleuchtung zu finden, bedarf es der Disziplin und Achtung. Hierzu musst Du auf das Wesentliche reduziert werden, damit Du das Notwendigste erkennst: „Deinen Herren und Gott". Um seine Wahrheit und seinen Willen zu erkennen, musst Du Dein Ego zurücknehmen, damit Du den

Unterschied erkennst, wo Tiefe und Werte sind und wo der Augenblick der Lust und der Befriedigung ist. Sexuelle Anziehung gehört in die materielle Welt und ist ein Schatten der ursprünglichen spirituellen Kraft, der Liebe zu Gott. Wird diese Liebeskraft auf das Leid dieser materiellen Welt gerichtet, so wird sie zu Mitleid. Wird sie auf Geld gerichtet, so wird sie zur Gier. Wird sie auf den leiblichen Körper gerichtet, so wird sie zur sexuellen Lust degradiert. Sie erweist sich als unwiderstehlich. Strebt man die ursprüngliche Klarheit der spirituellen Liebeskraft an, so wirkt diese ungleich intensiver als ihre Reflexionen in Form der materiellen Schattenbilder. Wer diesen Weg wählt, wird erkennen, dass ein erfülltes spirituelles Leben nichts mit einer selbstquälerischen Abkehr von materiellen Dingen zu tun hat, sondern ein höherwertiges Erleben darstellt.

Freiheit des Einzelnen

Wenn du in einen Menschen verliebt bist, dann willst du in seiner Nähe sein. Du willst ihn doch nicht verlieren! Also wirst du um ihn herum kreisen, das geht gar nicht anders. Aber was ist dann mit Dir? Kannst Du dann noch bei Dir bleiben? Und hier ist Selbstbetrachtung angesagt. Du musst Dich selbst dahingehend überprüfen, ob Du ihn als Deinen Besitz ansiehst. Kreise ihn nicht ein. Lasse ihm die Freiheit, die er benötigt, um sich so entwickeln zu können, wie er es möchte. Deine Achtsamkeit ist gefordert. Bleib Du selbst und spiele ihm aus Angst ihn zu verlieren nicht ein falsches Selbstbild vor. Alles andere ist Betrug am anderen und Betrug an Dir. Es ist wichtig, von Anbeginn zu sagen, wer Du bist, was Du willst und was Du nicht willst. Versuche nicht, einen guten Eindruck zu machen. Das lässt nach einiger Zeit eh nach und führt zu tiefer Enttäuschung auf beiden Seiten. Dann wird es schwierig, sich abzugrenzen, ohne den anderen zu verletzen. Ärger und Resignation sind dann die Folge. Die Freiheit des Einzelnen endet dort, wo die Missachtung des anderen beginnt. Es ist nichts dagegen zu sagen, wenn Du einmal Deine Wut herauslassen musst, aber es ist etwas dagegen zu sagen, wenn Du in dieser Wut den anderen beschimpfst, missachtest oder wenn Du handgreiflich wirst. Dann ist die Grenze überschritten. Es ist wichtig, Deine Emotionen auszuleben, sie fließen zu lassen, sonst trägst Du ja eine Maske. Emotionale Freiheit bedeutet, dass Du nicht mehr der Sklave Deiner Emotionen bist, sondern, dass Du frei bestimmen kannst. Wenn Du Deine Wut nicht mehr bremsen kannst, dann wirst Du zu einer Gefahr für andere Menschen. Hier ist selbstverständlich die Disziplin gefordert. Ein Mensch, der sich nicht disziplinieren kann, Wut und Unbeherrschtheit ausdrückt, hat Angst. Es ist eine Angst, die er wegschreien oder wegschlagen will. Einem solchen Menschen musst Du in ruhigen Worten und in Gelassenheit begegnen. Bring ihm Verständnis für seine Erregung und seine Verärgerung entgegen. Das besänftigt ihn, denn Du nimmst ihm die Luft aus den Segeln. Es ist wichtig, dass Du selbst angstfrei bleibst und auf den anderen gelassen zugehst. Nicht provozieren, sondern zu ihm sagen: „Ich verstehe Dich und Deinen Standpunkt." Wendest Du Dich stattdessen voller Angst, Kränkung oder Verachtung von ihm ab, dann ist das natürlich das Unklügste, was du tun kannst, denn damit isolierst du den anderen. Wenn dann die Enttäuschung groß ist, wendet sich der Mensch jemand anderem zu, der ihn versteht. Dann spricht man von Untreue.

Treue und Untreue

Die Treue beginnt immer bei Dir selbst. Überprüfe einmal, inwieweit Du Dir selbst die Treue vorlebst. Du hast vielleicht einen Wunsch und lebst ihn nicht. Aus welchen Gründen auch immer vernichtest Du diesen Gedanken, lehnst ihn ab, tötest ihn. Wo bleibt da die Treue zu Dir selbst? Überlege, warum hast Du diesem Wunsch keine Chance gegeben? Welche vernichtenden selbstkritischen Gedanken haben Deinen Wunsch getötet? Kannst Du Dir selbst die Treue schwören bis in den Tod? Wenn nein, wie kannst Du dann einem anderen Menschen vor dem Altar diesen Schwur leisten? Wie kann dann eine Ehe ein Leben lang halten, wenn Du noch nicht einmal Dir selbst treu bleiben kannst? Du kannst auch nicht wissen, wie Eure beiden Entwicklungen sein werden, ob ihr Euch in die gleiche Richtung bewegen werdet. Woher könnte diese Gewissheit auch kommen? Garantien gibt es keine. Und dennoch versuchen es die Menschen immer wieder. Und wo beginnt nun die Treue in der Partnerschaft? Beginnst Du nicht bereits, Untreue zu leben, wenn Du dem Partner in Gedanken abwertend gegenüberstehst? Lebst Du nicht bereits Untreue, wenn Du ihn verachtest? Körperliche Treue zu leben, das bekommst Du noch hin. Aber was ist, wenn Du in Gedanken Deinem Partner die Treue gebrochen hast? Du schwörst Deinem Partner in gutem Glauben Treue, doch Du kannst nicht wissen, ob Du diese Treue ein Leben lang aufrechterhalten kannst. Du kannst es Dir wünschen und Du kannst Dich bemühen. Du kannst alles versuchen. Beachte stets, dass Dein Partner nicht Dein Eigentum ist. Ihr seid freiwillig zusammen. Wenn der Zeitpunkt gekommen ist, wo vielleicht keine Verständigung mehr möglich ist und der innere Wunsch nach Trennung entsteht, dann ist es anständiger, wenn Ihr Euch die Treue selbst erhaltet, statt Euch selbst aufzugeben. Überprüfe, ob Du wahrhaft Deine Möglichkeiten ausgeschöpft hast, und dann gehe Deinen Weg. Verschleudere Deine Lebenskraft nicht damit, indem Du um jeden Preis mit ihm zusammenbleiben willst.

Loslassen

Wenn sich Dein Partner von Dir trennen will, wenn er Dich ablehnt, wenn er Deine Nähe nicht mehr zulassen will, weil er sich neu verliebt hat, und Du kannst ihn nicht loslassen, dann überprüfe Deine wahren Beweggründe. Beginne, alles aufzuschreiben, und beachte, ob Du in Deinem Partner Eigenschaften entdeckst, die Du zu Deinen eigenen machen möchtest. Erkenne, warum Du ihm ein so hohes Interesse schenkst. Was ist es, was er oder sie hat und Du nicht? Überprüfe, was Du in Dir unterdrückst und nicht wahrhaben willst. Lies noch einmal das Kapitel über den Sinn Deines Lebens. Vertraue darauf, dass sich alles zur rechten Zeit fügt und dass Du vom Leben alles bekommst, was Du brauchst. Wenn Du einen Menschen durch den Tod verlierst, so mache Dir bewusst, es ist nur ein Abschied auf Zeit. Wo Liebe ist, kann ein wirklicher Abschied nicht sein. Wenn er nicht mehr sichtbar ist für Deine Augen, nicht mehr hörbar für Deine Ohren und nicht mehr fassbar für Deine Arme, dann beginnst Du, Verlust und tiefsten Schmerz zu leben. Du leidest und es überkommen Dich Gedanken der Vereinsamung und Gedanken der Schuld. Du weißt um die Ewigkeit der Seele, darum mache Dir bewusst, dass Du nicht um den Verlust des anderen trauerst, sondern um Deine Einsamkeit. Du trauerst, nicht genug getan zu haben, nicht Deinen ganzen Einsatz gezeigt zu haben. Du musst damit aufhören, den anderen festhalten zu wollen. Sei ehrlich zu Dir selbst, es ist Dir etwas genommen worden und Du musst nun lernen, mit Dir allein zurecht zu kommen. Eine Seele auf diese Weise festzuhalten, bedeutet eine Behinderung ihrer weiteren Entwicklung in der geistigen Welt. Wahres Loslassen kann nur in dem Vertrauen geschehen, dass sich das, was Du mit Liebe überhäuft hast, nicht von Dir trennen kann, weil die Liebe zusammenfügt und keine Trennung kennt. Eine andere Form des Loslassens erfährst Du, wenn Du in die Entspannung gehen willst. Die Gedanken umkreisen Dich wie die Motten das Licht. Um in die Ruhe zu finden, musst Du sie vorbeiziehen lassen. Höre ihnen nicht mehr zu. Sie helfen Dir nicht dabei, einen tieferen Sinn in Deinem Alltag zu finden, ganz im Gegenteil, sie ziehen weitere Beeindruckungen und Bewertungen an. Also entspanne Dich, dabei gibt es nichts zu tun. Einfach loslassen, indem Du keine Aufmerksamkeit mehr an Gedanken verschleuderst. Willst Du hingegen das Wesen einer Sache erfassen und verstehen, dann versenke Dich in sie, damit sie sich Dir öffnet und mit Dir in Zwiesprache gehen kann, damit sie Dir ihr Wesen zeigt und Du sie verstehen kannst. Nicht analysieren, sondern mit dem Herzen Begegnung leben, damit sich vor Deinem inneren Auge öffnen kann, was sich Dir mitteilen will. Leben bedeutet zulassen, geschehen lassen und im Fluss sein.

Du sollst nicht töten

Dieses Gebot kannst Du nicht einhalten, solange Du Dich selbst noch mehrfach am Tag tötest. Du tötest Deine Ideale, Deine Hoffnungen und Du tötest Dich durch Selbstverleugnung. Dies alles macht Dich unzufrieden und dann beginnst Du, mit Deinen Gedanken und Worten andere zu töten. Wenn Dir dies bewusst wird und Du beginnst, Dich zu ändern, dann wird sich in Dir eine Sensibilität für alles entwickeln, was Leben ist und was beseelt ist. Du sollst nicht töten! Um diesem Gebot gegenüber Verantwortung leben zu können, darfst Du ab sofort keine Deiner Hoffnungen, Wünsche und Ideale mehr abtöten. Sobald Du Dich selbst nicht mehr verleugnest, erfährst Du eine Bewusstseinserweiterung. Du lernst, Dich selbst zu achten und alles, was Dir zum Erhalt Deines Körpers gegeben wird. Solange Du Dich noch nicht von den Energien des Kosmos ernähren kannst, bist Du auf Nahrung angewiesen. Ein Töten muss daher sein! Es kommt darauf an, mit welchem Respekt Du der Pflanze oder dem Tier begegnest. Wenn Du Fleisch isst, so sprich Deinen Segen darüber, damit sich die Ängste, die Du durch das getötete Tier in Dir aufnimmst, auflösen und somit neutralisiert werden können. Sprich Deinen Segen über die Pflanzen, die Früchte, die Du zu Dir nimmst. Dann wird die Zeit kommen, in der Deine Nahrungsaufnahme immer einfacher und immer bescheidener wird, weil Dein ethisches Verhalten, Dein Verantwortungsbewusstsein Dich dergestalt speisen wird, dass Dir der Kosmos seine Energien schenkt, und Du darum nicht mehr auf eine Nahrungszufuhr angewiesen bist. Einen Menschen im Krieg zu töten ist eine Gewissensfrage, die nur von jedem Einzelnen für sich beantwortet werden kann! Kampf und Krieg bringen keine wahre Lösung. Wut und Aggression sind schlechte Wegbegleiter, sie zerstören Dein Leben und das Leben anderer.

Abhängigkeit durch unerfüllte Erwartungshaltungen

Du bist wahrhaft ein glücklicher Mensch, wenn Du Eltern hast, die Dich so angenommen haben, wie Du bist. Hattest Du nicht das Glück, dann war da eine Erwartungshaltung, die Du zu erfüllen hattest. Dann kann es sein, dass Du Dich heute ständig beweisen musst und unter einer ständigen Kontrolle stehst und denkst: „Darf ich dieses noch und muss ich jenes lassen? Kann ich mir diese Schwäche noch eine Weile erlauben oder muss ich immer hetzen und eilen, obwohl ich gar nicht weiß, wohin! Darf ich auch einmal missgünstig sein oder muss ich mich dafür schämen?" Dann genügst Du nicht in dieser Welt, auch Dir selbst nicht. Dann gehst Du in Bewertungen und musst die Menschen auf Abstand halten, die das mit Dir gemacht haben. Gott nimmt Dich ohne Vorleistung an! Einfach so, wie Du bist! Welch eine Erlösung und Freiheit! Und wo begegnet Dir das in Deinem Leben? Wer nimmt Dich ohne Vorleistung an? Wenn Du schon einmal von Herzen geliebt wurdest, dann weißt Du, wie sich das anfühlt, so ganz angenommen zu sein, ohne Kritik, ganz so, wie Du bist, so ganz ohne Vorleistung! Du musst nichts beweisen, musst Dich nicht darstellen, denn der andere liebt Dich, so wie Du bist! Du spürst: „Ich darf sein, wie ich bin. Ich werde geachtet, bin willkommen und werde begehrt!" Ist das nicht ein wunderbares Gefühl, ernst genommen, beachtet und geachtet zu werden? Und das ist das, wonach jeder sucht und in dieser Welt nicht findet. Wenn Du nach einem Menschen Ausschau hältst, von dem Du Dir wünschst, dass er Dir dieses Gefühl entgegenbringt, dann lebst Du eine Erwartungshaltung, die enttäuscht werden kann. Aber was ist, wenn dieser liebenswerte Mensch sich durch Deine Erwartungshaltung überfordert fühlt? Dann geht ihr beide in Resignation und Enttäuschung. Dann habt ihr Euch im anderen getäuscht. Stelle Dir einmal vor, Du begegnest Gott, der diese Erwartungshaltung auch auf Dauer erfüllen kann. Was ist dann? Die Folge davon ist, dass Du Dich nicht länger an Deinen Unzulänglichkeiten und Ängsten festhältst, sondern dass Du Dich erhaben fühlst. Das bedeutet, dass Du Dich über Deine alten Begrenzungen hinweg erhebst und damit beginnst, Dein schöpferisches Potential auszuleben. Du überwindest Deine Angst, nicht zu genügen, und mit Freude und Dankbarkeit gibst Du, was Du zu geben hast! Du schenkst dieser Welt etwas von Dir! „Was Du sähest, das wirst Du auch ernten!" Du wächst in die allumfassende Liebe und endlich kannst Du Dich annehmen! Das verändert Deine Sichtweise, Deine Ausstrahlung, Deine Glaubenstiefe und damit Dein ganzes Leben. Du beginnst Urvertrauen und Freiheit zu leben. Du darfst sein, was Du bist! Und das wird Dir helfen, Deine noch verborgenen Schatten mit der Zeit vollends aufzudecken und anzunehmen. Überprüfe immer wieder einmal, inwieweit Du Dich selbst ohne Vorleistungen und Bedingungen annehmen kannst. In dem Maße, wie Du es für Dich selbst schaffst, lebst Du Anziehung, und Dein Leben wird leichter. Du brauchst Gott, weil Dir kein Mensch dieses Gefühl des absoluten Angenommenseins geben kann. Geliebt zu werden, sein dürfen, wie man ist, das sind erhabene Gefühle. Je weiter Du durch Deine Selbstbetrachtung in die Tiefe Deiner Seele vordringst, desto mehr fühlst Du Dich von Gott geliebt.

Wut und Aggression

Wut und Aggression stellen sich dann ein, wenn Deine hohen Erwartungen nicht erfüllt werden oder irgendetwas gegen Deine Lebensprinzipien verstößt. Es ist klüger, herauszufinden, warum Du Dich über jemanden ereiferst und warum Du die Handlungen des anderen nicht in Ordnung findest, anstatt in Kampfhaltung zu gehen und ihn mit zornigen Gedanken zu strafen. Diese Gedanken kehren dann zu Dir zurück und fordern ihren Tribut von Dir, wenn Du am wenigsten damit rechnest. Du hast die Möglichkeit, an die Einsicht des Menschen zu appellieren, und die Wahrscheinlichkeit, dass er Dir zuhören wird, eröffnet dem anderen, dass er damit beginnt, über sein Verhalten nachzudenken. Wut und Aggression entstehen auch dann, wenn jemand versucht, sich vor Dir in Sicherheit zu bringen oder Dir in der gleicherweise antwortet. Hierdurch schaukeln sich die Emotionen gegenseitig hoch und geraten aus der Kontrolle. Der klügere Weg ist, in den Dialog zu gehen, um den anderen mit in die Verantwortung einzubinden. Kein ablehnendes Verhalten zeigen, denn dann wird der Zorn immer auf Dich zurückgeworfen und Du bist ihn immer noch nicht los. Ganz im Gegenteil, er kehrt zu Dir zurück, und er nagt an Dir und er verbittert Dich. Vielleicht gehörst Du auch zu den Menschen, die keine offene Aggression zulassen, weil sie sich nicht in die Karten sehen lassen wollen. Das bedeutet ja, verletzbar zu werden und sich bloßzustellen. Du lässt die Wut dann nicht heraus, weil Du in der Wut unlogisch und damit verletzend wirst. Darum ist es so wichtig, dass Du es gar nicht erst bis zur Wut und Aggression kommen lässt. Wenn Du merkst, dass Du während einer Unterhaltung mit Deinem Chef in Bezug auf Deine Urlaubsplanung ärgerlich wirst, so unterbreche ihn und gib ihm zu verstehen, dass Du es schade findest und bedauerst, dass Du in der gewünschten Zeit keinen Urlaub bekommst. Gib ihm zu verstehen, wie sehr sich die Familie schon auf diesen lang ersehnten gemeinsamen Urlaub freut. Dann hast Du eine Information gegeben und Dich damit Deinem Chef gestellt. Das wird die Situation vielleicht nicht verändern, aber Du hast den Mut zu sagen, was Du denkst und was Du willst. Du wirst jetzt vielleicht enttäuscht sein, aber höchstwahrscheinlich nicht wütend. Das ist eine sehr wichtige Erfahrung für Dich, weil sie Dich mutiger macht. Sie weckt in Dir die Bereitschaft mitzumachen, anstatt sich gegen das Leben zu stellen. Nur wer sich einlässt, kann Erfahrungen und Erkenntnisse sammeln. Wenn Du den Mut hast, Dich einzulassen, wirst Du feststellen, dass Deine Möglichkeiten viel größer sind, als Du geahnt hast. Wenn Du die Kraft hast, Dich auf das Leben einzulassen, wirst Du feststellen, dass Du eine wunderbare geistige Begleitung hast, die Dich nicht verlässt, sondern die Dir in dem Maße beisteht, wie Du Dein Vertrauen in Deine Möglichkeiten und Fähigkeiten lebst. Dies drückt Dein Vertrauen in Gott aus. Wenn Du dies erfährst, dann wirst Du Reichtum und Fülle leben. Dann hast Du die Wut und die Aggression überwunden. Du hast sie besiegt, weil Du damit begonnen hast, Dich selbst zu achten und zu lieben. Du hast gesiegt, weil Du begonnen hast, Gott in Dir zu achten und zu lieben. Dann beginnen sich Deine Seele und Dein Geist in Gott zu spiegeln. Wenn Du diesen Zustand ersehnst und einfach nicht erreichst, so musst Du Dich fragen, was schafft ihnen die Begrenzung. Es ist die Unruhe in Dir. Sie verzerrt Deine Wahrnehmung. Dein Geist ist grenzenlos, doch Deine Unruhe und Deine Bewertungen verschaffen ihm Begrenzungen. Dadurch kann Dein Geist sein ganzes Potential nicht ausschöpfen. Verdeutliche Dir immer wieder, dass Du in Programmen gefangen lebst und diese Programme erlöst werden müssen, damit die Grenzenlosigkeit des Geistes und der Seele gelebt werden kann. Wenn Du ein Problem hast, so denkst Du ständig darüber nach, und damit hältst Du es fest. Es ist wichtig, dass Du Dich mit einem Thema nicht identifizierst. Auch darfst Du die Probleme anderer nicht auf Dich projizieren und damit in die Opferrolle gehen. Suche das Gespräch mit Gott, damit Deine Seele Lichtung und Weitung erfährt. Erzähle ihm das, was Dich belastet und was Du verabschieden möchtest. Je mehr Du auf Gott als Deinen Partner an Deiner Seite vertraust, desto angstfreier wirst Du. Umso leichter fällt es Dir, Dich von dem, was Dich behindert, zu lösen, damit jeder Gedanke zu einem Gedanken der Liebe wird. Gott gegenüber sollst Du naiv, harmlos, unverbogen und offen sein. Dann wird Gott für Dich immer fassbarer und Du kannst von seiner Liebe immer mehr berührt werden. So offen, wie Du Gott begegnen sollst, so wachsam sollst Du der Welt gegenüber sein. Die Welt fordert Deine Präsenz, Deine Aktion und Reaktion. Wenn Du den Weg der Herzenseinfalt gehen willst, heißt das nicht, dass Du nun jedem Menschen entgegenlächelst, weil Du einen guten Samen säen willst, um eine reiche Ernte zu haben. Wenn Du jedem Menschen entgegenlächeln würdest, so wäre dies eine Lüge, denn es interessiert Dich nicht jeder Mensch, und nicht jeder Mensch ist Dir wahrhaft ein Freund. Die Möglichkeit liegt darin, Wertfreiheit zu leben. Dadurch ist es Dir möglich, den Menschen gegenüber immer neutraler zu werden. Das heißt nun nicht, Dich von ihnen abzuwenden, sie sich selbst zu überlassen und Deinen eigenen Weg zu gehen. Nein, Du lebst ja Gemeinschaft. Wichtig ist, dass Du jedem Menschen gegenüber Achtung lebst.

Emotionen und ihre Bedeutungen für die Seele

Wissenschaftler haben herausgefunden, dass sich der Zellkern in der Zelle eines menschlichen Körpers, je nachdem, welche energetische Information auf die Zellmembran trifft, verändert. Was sich dabei verändert, sind die Bausteine des Lebens. Sie sind dafür verantwortlich, dass der Körper in die Lage versetzt wird, sich immer neuen Lebensbedingungen anzupassen. Studien haben ergeben, dass die Zelle unter Stress geraten kann, wenn bestimmte Proteine an ihren Rezeptoren andocken. Damit wurde erstmals die Frage diskutiert: „Was sind Emotionen?" Hast Du schon einmal eine Emotion gesehen? Aber dennoch existieren sie. Damit sind wir wieder bei dem Einfluss von Schwingungen/Frequenzen, die auf unser Energiesystem und unseren physischen Körper einwirken. Bestimmte Frequenzen bewirken im Gehirn die Produktion bestimmter Proteine. Diese docken an passende Zellrezeptoren an und bewirken ein typisches emotionales Reaktionsmuster. Dahinter liegt eine göttliche Absicht. Die dadurch ausgelösten Gefühle sollen Dir etwas bewusst machen. Durch Medikamente können diese Rezeptoren blockiert werden, sodass die Emotion unterdrückt wird. Psychopharmaka verhindern dadurch Depressionen. Hier wird in den göttlichen Plan eingegriffen. Der Mensch verliert damit die Chance, schon frühzeitig auf ein Fehlverhalten aufmerksam zu werden, bevor es zur Materialisation und damit zur Krankheit im Körper kommt. Unsere Emotionen sind sozusagen ein Frühwarnsystem. Wird dieses System außer Kraft gesetzt, dann werden die wirklichen Ursachen außer Acht gelassen, der Körper gerät unter Stress und erkrankt. Es gibt verschiedene Stressoren, die krankmachend auf unseren Körper einwirken können. Die Emotionen gehören dazu. Um zu verstehen, wie Emotionen ausgelöst werden, müssen wir uns die Funktionsweise der Homöopathie ansehen. Doch zuvor eine kurze Aufklärung über Impfungen. Nehmen wir als Beispiel die Pockenschutzimpfung. Hier wird dem Patienten als Impfstoff die abgeschwächte Form eines ähnlichen Krankheitserregers, nämlich der Erreger der Kuhpocken, gegeben, worauf der Körper Abwehrkräfte gegen Pocken entwickelt. Man nennt diesen Vorgang Immunisierung. Die Pockenimpfung entspricht voll und ganz dem Heilungsprinzip der Homöopathie, denn auch ein homöopathisches Mittel stimuliert das körpereigene Abwehrsystem. Das Grundprinzip der Homöopathie basiert auf der Resonanzfrequenz. Die Hahnemannsche Regel lautet: „Ähnliches möge mit Ähnlichem behandelt werden!" Nehmen wir das Beispiel mit dem Stich einer Biene. Hier wird Apis verabreicht, ein Homöopathikum hergestellt aus dem Gift der Honigbiene. Um Vergiftungen zu vermeiden, wird eine hohe Verdünnung eingesetzt. Mit der Einnahme sende ich die Frequenz „Apis", die bereits im Körper als Bienengift vorliegt. Das Immunsystem wird stimuliert und das eingedrungene Gift wird neutralisiert. Aber was geschieht im Körper des Menschen bei einer Hochpotenz, wenn von der eigentlichen Substanz nichts mehr nachweisbar ist? In der Homöopathie spricht man von Tiefpotenzen und Hochpotenzen. Tiefpotenzen gehen bis zur D12 oder C12 und wirken mehr auf der körperlichen Ebene. Mittlere Potenzen bis zur D30 oder C30 wirken sowohl auf der körperlichen als auch auf der feinstofflichen Ebene. Hochpotenzen liegen über D30/C30. Ab hier befinden wir uns im feinstofflichen Bereich. Ab einer Potenz von 10^{23} ist von der eigentlichen materiellen Substanz nichts mehr nachweisbar und dennoch liegt die Information als Schwingung vor und löst den Heilungsprozess aus. So wie mit der Homöopathie verhält es sich auch mit den Schwingungen, die Du selber oder Deine Mitmenschen durch Gedanken erzeugen. So, wie Dein Körper in der Homöopathie auf Resonanz reagiert, so reagiert Deine Psyche emotional auf die Menschen, die das gleiche Frequenzmuster wie Du in sich tragen. Aus geistiger Sicht dienen Dir diese Menschen als Spiegel und sie sollen Dich auf das Fehlverhalten in Dir aufmerksam machen, das Du beim anderen kritisierst. Deine Emotionen dienen Dir bei Deiner Selbstfindung. Werden sie durch Deine Mitmenschen ausgelöst, so sei ihnen dankbar, denn sie treten aus geistiger Sicht als Erfüllungsgehilfen auf.

Ausblick

Nachdem Du erfahren hast, wo Du herkommst, was Sinn und Zweck Deines Lebens ist und welche Gesetzmäßigkeiten Deine Geschicke lenken, kommen wir nun zu Deinem physischen Körper, der größte Aufmerksamkeit verdient. Er trägt Deine Seele durch dieses Leben und ermöglicht ihr, die erwünschten Erfahrungen zu machen. Dein Körper ist der Spiegel Deiner Seele. Er hält unglaubliche Belastungen aus, aber auch er kommt an seine Grenzen. Jeder Deiner Gedanken löst einen biochemischen Prozess in ihm aus. Du kannst Dich im wahrsten Sinne des Wortes krank denken. Dein Körper gerät hierdurch unter Stress.

Wir wollen uns einmal anschauen, was noch so alles in Deinem Körper passiert. Beginnen wir mit der Atmung. Wenn Du zu flach atmest, so bekommst Du langfristig ein Problem. Sauerstoffmangel muss vom Körper kompensiert werden. Was wird er tun? Er wird ein Notprogramm starten und die lebenserhaltenden Organe Gehirn und Herz mit Sauerstoff versorgen. Organe wie Magen und Darm kommen dabei auf Dauer zu kurz und büßen an Funktionalität ein. Die eingeschränkte Nahrungsverwertung führt zu Vitamin- und Mineralmangel. Die Zellen wiederum können nicht mehr genug ATP herstellen und die Lebenskraft lässt nach. Der Körper gerät unter Stress.

Betrachten wir als Nächstes die Wasserversorgung. Du kannst zwar längere Zeit ohne Nahrung auskommen, aber beim Wasser gibt es Grenzen, die schon nach einigen Tagen überschritten werden und zum Nierenversagen führen können. Wenn Du nicht genügend trinkst, ist zum einen der Nahrungstransport zur Zelle beeinträchtigt und zum anderen können die Stoffwechselgifte aus der Zelle nicht in genügender Weise entsorgt werden. Es kommt zur toxischen Überschwemmung der Organe. Zellen sterben frühzeitig ab oder entarten und lebenswichtige Prozesse werden behindert. Der Körper gerät unter Stress.

Zum Thema Elektrosmog sei hier gesagt, dass der Körper versucht, mit den veränderten Umweltbelastungen klarzukommen. Das Problem ist zeitlicher Natur. Hat der menschliche Körper im Laufe seiner Evolution hunderte, ja tausende von Jahren Zeit gehabt, sich neu zu ordnen und den Lebensbedingungen anzupassen, so läuft ihm heute die Zeit davon. Die neuen belastenden Einflüsse haben in den vergangenen 20 Jahren so extrem zugenommen, dass unser Organismus permanent überlastet wird. Der Körper wäre durchaus in der Lage, die stetig steigende Elektrosmogbelastung zu verkraften, wenn diese nicht so rapide schnell voranschreiten würde.

Wenn wir in der Zeit weiter zurückgehen, so kam der Mensch früher in einer Situation unter Stress, wenn das eigene Leben gefährdet war. Wenn der Säbelzahntiger um die Ecke kam, war es überlebenswichtig, dass der Körper vollkommen automatisch ein Notsystem aktivierte. In einer solchen Situation wurde Adrenalin, Cortisol usw. freigesetzt, was zur Verengung der Gefäße führte. Lunge und Herz sowie die Extremitäten wurden besonders stark durchblutet, damit der Mensch schnell weglaufen konnte. Das Immunsystem wurde in seiner Arbeit eingeschränkt und die Durchblutung der Verdauungsorgane vermindert. Aber auch die Funktionalität der Großhirnrinde, die für das bewusste Denken zuständig ist, wurde ausgeschaltet, damit die Instinkte und Reflexe nicht behindert wurden. Ein solcher Stress und die damit verbundenen physiologischen Veränderungen haben dem Überleben gedient. Der Überschuss an Stresshormonen wurde durch die körperliche Bewegung bei der Flucht wieder abgebaut. Der unnatürliche Stresszustand wurde also auf natürliche Weise reguliert. Wichtig ist in diesem Zusammenhang, dass der Mensch in seinen ursprünglichen harmonischen Zustand zurückkehrte, denn nur dann konnten die zwischenzeitlich unterversorgten Organsysteme ihre Arbeit wieder aufnehmen. Der Mensch von heute erfährt diese physiologischen Vorgänge immer noch so, sobald er unter Stress gerät. Er braucht einen klaren Verstand, um seine täglich anfallenden Aufgaben zu bewältigen und die richtigen Entscheidungen fällen zu können. Prüfungssituationen müssen gemeistert werden, damit das schulische und berufliche Fortkommen gewährleistet ist. Permanenter Stress führt zur Funktionseinschränkung der Großhirnrinde und beeinflusst das bewusste Denken und das Erinnerungsvermögen, sodass Aufgaben nicht mehr angemessen erledigt werden können. Dies führt langfristig zu einer noch höheren Stressbelastung, da die Anforderungen des Alltags nicht mehr bewältigt werden können. Verlust-, Versagens- und Existenzängste fördern ständig die Produktion der Stresshormone und im Nu beginnt ein Teufelskreislauf. Wird hier medikamentös eingegriffen, so wird vielleicht vorübergehend eine Verbesserung erzielt. Langfristig jedoch gerät das ganze System Mensch aus den Fugen. Ich habe schon erwähnt, dass Stresshormone unser

Immunsystem beeinträchtigen. Kehren wir wieder zurück zu unserem Primaten. Angenommen, er liegt mit einer Lebensmittelvergiftung in seiner Hütte. Sein Immunsystem arbeitet auf Hochtouren, um die schädlichen Eindringlinge zu vernichten. Nun kommt der Säbelzahntiger wieder ins Spiel. Würde hier der Körper nicht sofort sein Notprogramm starten, ständen die lebensnotwendigen Energieressourcen zur Flucht nicht zur Verfügung. Was hätte dem Menschen der Urzeit ein intaktes Immunsystem genutzt, wenn er dafür aufgefressen worden wäre?

Heute sieht es so aus, dass Dein Organismus durch eine Vielzahl von möglichen Ursachen Stresshormone produziert. Dein Immunsystem wird dadurch langfristig geschwächt. Das Problem ist nun, dass nicht rechtzeitig der Ausgleich kommt, damit Dein Körper sich wieder regenerieren kann. Das heißt, Dein Immunsystem bleibt geschwächt. Ständige Infektanfälligkeiten sind die Folge. Kommen nun noch fehlender Schlaf, eine mangelnde Ernährung, ein Wassermangel und ein übertriebener Konsum von Kaffee, Zigaretten und Alkohol dazu, dann ist es nur eine Frage der Zeit, bis der Körper Dir die Quittung gibt.

Schauen wir uns nun das Verdauungssystem an. Wir haben bereits erfahren, dass unter dem Einfluss von Stresshormonen die Durchblutung des Verdauungstraktes vermindert ist. Das bedeutet, dass die aufgenommene Nahrung nicht im richtigen Maße und auch nicht zeitgerecht verdaut werden kann. Es kommt zu Verdauungsproblemen und Resorptionsstörungen. Entzündungen bis hin zu Degenerationserscheinungen wie Krebs können die Folge sein. Werden nun die Zellen über eine gewisse Zeit nicht mit den erforderlichen Nährstoffen versorgt, wird kein ATP mehr produziert, dies führt zum Burn-out-Syndrom, die Batterieladung des Körpers geht gegen null. Darüber hinaus kommt es zu einem Mangel an Vitaminen und Mineralien. Durch diesen Mangel geraten weitere Funktionskreisläufe aus dem Ruder, die die unterschiedlichsten Krankheitssymptome hervorbringen können. Stress muss nicht unbedingt krankmachen, wenn er auf natürliche Weise kompensiert wird. Nur ist das in der heutigen Zeit für Dich nicht mehr so einfach wie noch vor 20 Jahren. Die Zeitenwende drängt Dir dieses Thema auf und Du hast die Möglichkeit der Wahl. Entweder nährst Du Deinen Stress durch Existenzangst, Sorge und Unsicherheit oder Du lebst das Vertrauen in Deinen Herrgott und bleibst gesund. Es ist Deine dringlichste Aufgabe, Dir Deiner wahren seelischen Existenz bewusst zu werden. Wenn Dir klar wird, dass Dein Leben nach dem Tod weitergeht und dieses auf das heutige aufbaut, dann wirst Du Dir der Konsequenzen Deiner jetzt getroffenen Entscheidungen bewusst. In dem Maße, wie Du in die allumfassende und bedingungslose Liebe findest, wirst Du ruhiger und gelassener. Du wirst für diese chaotische Welt und ihre Bewohner immer unberührbarer. Du lässt sie einfach so stehen, ohne sie noch bewerten zu wollen. Dadurch wirst Du frei von Angst, weil Du niemandem mehr genügen musst. Du hast Dich selbst gefunden und damit Gott. Wenn Du keine Angst mehr hast, schüttet Dein Körper auch keine Stresshormone mehr aus. Die Folge ist: Du bleibst in Deiner Kraft und bleibst gesund. Gehe diesen Weg, beginne jetzt, warte nicht auf bessere Zeiten. Lebe Dein ganzes Wollen und Deine Fülle, dann wird Dir Gott mit seiner Kraft und Fülle entgegeneilen.

Bewerten
Sie dieses Buch
auf unserer
Homepage!

www.novumpro.com

Der Autor

Gerhard Vester, geboren 1955, lebt mit seiner Familie in Heppenheim. 1987 studierte er Physik und Elektrotechnik an der FH Dieburg und war anschließend als Berater für das Großkundenmanagement der Deutschen Telekom in Frankfurt tätig. 1994 absolvierte er die Heilpraktikerschule und führt seitdem zusammen mit seiner Ehefrau eine Naturheilpraxis mit den Schwerpunkten auf geistigen und energetischen Heilweisen. Gerhard Vester ist hellsichtig und geht möglichst ursachenspezifisch vor in der Heilarbeit, die immer im Respekt vor jedem Menschen und seiner seelischen Reife begründet ist.
1999 bis 2002 präsentierte er der Öffentlichkeit mit großer Resonanz „Kontakte mit dem Jenseits". Zusammen mit dem schottischen Medium Margarete Falconer wurde seine mediale Arbeit in der RTL Sendung „Wunderheiler" vorgestellt.

„Kontakt über www.vester.biz"

novum — EIN HERZ FÜR AUTOREN

Der Verlag

Der im österreichischen Neckenmarkt beheimatete, einzigartige und mehrfach prämierte Verlag konzentriert sich speziell auf die Gruppe der Erstautoren.
Die Bücher bilden ein breites Spektrum der aktuellen Literaturszene ab und werden in den Ländern Deutschland, Österreich, Schweiz und Ungarn publiziert.
Das Verlagsprogramm steht für aktuelle Entwicklungen am Buchmarkt und spricht breite Leserschichten an.
Jedes Buch und jeder Autor werden herzlich von den Verlagsmitarbeitern betreut und entwickelt.
Mit der Reihe „Schüler gestalten selbst ihr Buch" betreibt der Verlag eine erfolgreiche Lese- und Schreibförderung.

Manuskripte herzlich willkommen!

novum publishing gmbh
Rathausgasse 73 · A-7311 Neckenmarkt
Tel: +43 (0)2610 43111 · Fax: +43 (0)2610 43111 28
Internet: office@novumpro.com · www.novumpro.com

AUSTRIA · GERMANY · SWITZERLAND · HUNGARY